AF545544

Elisa Röhr

Dashi bis Dango

Die 45 besten Rezepte von

1maljapan

Verlag: 1mal1japan GmbH, Jagdweg 1-3, 01159 Dresden
verlag@1mal1japan.de

Druck: WIRmachenDRUCK GmbH, Mühlbachstr. 7, 71522 Backnang

ISBN 978-3-00-075993-2

Inhaltsverzeichnis

Einleitung

- So planst du ein unvergessliches japanisches Menü! -

Lass uns gemeinsam in die wundervolle Welt der japanischen Küche eintauchen! Japanische Mahlzeiten sind viel mehr als nur Nahrungsaufnahme. Sie sind schon eher eine Kunstform! Und keine Sorge, auch wenn du bisher noch kein Meister in der japanischen Küche bist, ich zeige dir Schritt für Schritt, wie du ein köstliches und authentisches japanisches Menü zaubern kannst.

Also schnapp dir deine Kochutensilien und lass uns loslegen! Wir beginnen mit den Grundlagen und schauen uns an, welche Elemente unbedingt in einem japanischen Menü enthalten sein müssen. Danach präsentiere ich dir für jedes Element leckere Rezeptideen, die deine Gäste begeistern werden. Und am Ende bekommst du sogar fertige Menüvorschläge, die du ganz einfach zu Hause nachkochen kannst. Bevor wir nun dein nächstes japanisches Menü planen, möchte ich dir drei hilfreiche Tipps für das Kochen nach japanischer Art mitgeben:

#1 In Japan geht man beim Essen nicht den klassischen Weg und serviert einzelne Gänge nacheinander. Stattdessen kommen alle Gerichte gemeinsam auf den Tisch: Reis, Beilagen, Suppen und alles, was das Herz begehrt. So gibt es keine strenge Trennung zwischen Vorspeise, Hauptgang und Dessert. Alles wird miteinander kombiniert und ergibt ein harmonisches Geschmackserlebnis.

#2 In der japanischen Küche erhält jeder Gast sein eigenes Set aus verschiedenen Tellern, Schälchen und Essstäbchen, die oft auf einem Tablett serviert werden. Die Suppe wird aus der Schale geschlürft, es wird üblicherweise kein Löffel gereicht. Zum Schluss, wenn alles aufgegessen wurde, wird das Geschirr und Besteck wieder so auf dem Tablett angeordnet, wie man es serviert bekommen hat.

#3 In Japan sind Desserts nach einem Menü eher unüblich. Stattdessen wird gelegentlich zum Abschluss eine Schale mit frischem Obst serviert. Wenn du Lust auf etwas Süßes hast, werden typische japanische Desserts wie Mochi oder Dorayaki in der Regel zusammen mit einer Tasse frisch gebrühtem Grüntee serviert.

Wenn du schon einmal die Freude hattest, Japan zu besuchen, dann ist dir sicherlich die bedeutende Rolle aufgefallen, die Essen und Kochen in der japanischen Kultur einnehmen. Japaner schätzen gemeinsame Mahlzeiten, bei denen geschlemmt und angeregt diskutiert wird. Vielleicht hast du dich bisher noch nicht an die japanische Küche herangewagt, weil die Zutaten und die Zusammenstellung der Menüs ungewohnt auf dich wirkten... Doch wusstest du, dass die alltägliche japanische Küche größtenteils aus simplen, traditionellen Gerichten besteht, die häufig wiederkehrende Zutaten benötigen?

Mit ihrer schonenden Zubereitungsart und der Verwendung dezenter Gewürze bietet die japanische Küche eine große Vielfalt an Aromen. Gleichzeitig sind diese Gerichte leicht und vollwertig. Das klingt doch verlockend, oder?

Ein typisches japanisches Menü besteht aus sechs Elementen: einer Schüssel Suppe, drei Gerichten, einer Schale Reis und einer Schale eingelegtem Gemüse.

In Japan wird diese Kombination gerne als

"Ichiju Sansei" bezeichnet. Und so sieht ein solches vollständiges Menü dann aus:

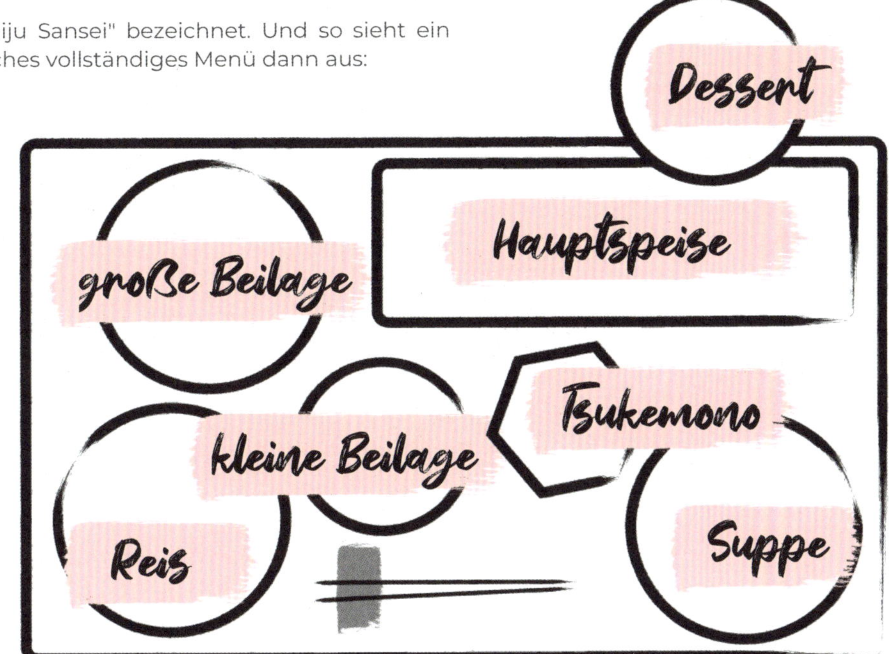

Es besteht aus mehreren Komponenten, die miteinander kombiniert werden: z. B. gibt es eine Schale gekochten Reis *(Gohan)*, der als Grundlage des Menüs dient. Als nächstes kommt eine Schüssel Suppe *(Shiru)*, die aus Gemüse, Meeresfrüchten oder Tofu zubereitet werden kann.

Die Hauptspeise *(Shusai)* ist meist ein Teller mit zubereitetem Gemüse, Tofu, Fisch oder Fleisch. Dazu gibt es oft eine große Beilage *(Nimono)*, wie z. B. Gemüse, Fisch, Meeresfrüchte oder Tofu, gekocht in einer Brühe aus Dashi, Sake, Sojasauce und Mirin.

Eine kleine Beilage *(Okazu)* wie ein japanischer Salat rundet das Menü ab. Als letzte Komponente gibt es oft eingelegtes Gemüse *(Tsukemono)* als erfrischenden Abschluss.

Man kann das Menü auch mit einem passenden Getränk und Dessert ergänzen.

So entsteht ein ausgewogenes japanisches Menü, das den Körper mit allen notwendigen Nährstoffen versorgt.

Checkliste: Erfüllt dein Menü alle Anforderungen?

- ☐ Alle wichtigen Farben *(Rot, Gelb, Grün, Schwarz,Weiß)* vorhanden?
- ☐ Fünf Geschmacksrichtungen *(Süß, Sauer, Salzig, Bitter, Umami)* angesprochen?
- ☐ Wendest du verschiedene Kochmethoden - z. B. Dünsten, Dämpfen, Kochen, Grillen, Braten etc. - an?
- ☐ Werden alle Sinneseindrücke - Geschmack, Geruch als auch Sehen, Hören und Fühlen *(also die Textur der Zutaten)* - mit einbezogen?
- ☐ Gehst du mit Respekt und Dankbarkeit an die Mahlzeit heran?

Jetzt, da du viel über ein japanisches Menü gelernt hast, ist es Zeit, dass du selbst in die Küche gehst und japanische Gerichte zubereitest. Deshalb zeigen ich dir unsere besten Rezeptideen für jedes Element eines japanischen Menüs. Die Zubereitung ist einfach und entspannt, also lass uns loslegen und Spaß beim Kochen haben!

Basics & Reis

Dashi Brühe mit Kombu & Shiitake

Eine vegane Dashi Brühe ist eine wahre Geschmacksexplosion und ein Muss für alle Liebhaber der japanischen Küche. Mit nur wenigen Zutaten lässt sich diese Brühe im Handumdrehen zubereiten und verleiht Suppen, Eintöpfen und vielen weiteren Gerichten eine umami-reiche Note.

Für 500 ml:

2 Streifen Kombu *(jeweils 2 x 10 cm)*

2 Shiitake Pilze *(getrocknet)*

500 ml Wasser

1. Schritt

In einen Topf das kalte Wasser füllen und die getrockneten Shiitake Pilze sowie Kombu Streifen hineingeben.

2. Schritt

Das Wasser langsam auf 60°C erhitzen *(am besten mit einem Küchenthermometer kontrollieren)* und bei Erreichen der Temperatur die Hitze abstellen sowie den Topf vom Herd nehmen.

3. Schritt

Für 30 Minuten den Sud mit geschlossenem Deckel ziehen lassen.

4. Schritt

Dann die Brühe durch ein feines Sieb gießen, um eine klare Brühe zu erhalten *(die Shiitake Pilze und der Kombu können gerne für Onigiri oder Nudelsuppen weiterverwendet werden).*

5. Schritt

Die vegane Dashi Brühe ist nun fertig. Sie kann abgefüllt und im Kühlschrank für wenige Tage aufbewahrt, im Gefrierschrank *(z. B. mithilfe von Eiswürfelbeuteln)* eingefroren oder direkt weiterverarbeitet werden.

Wissen:

Die Geschichte der fischfreien Dashi Brühe ist faszinierend und hat ihre Wurzeln vor 1.500 Jahren, als der Buddhismus in Japan Einzug hielt. Damals musste eine vegetarische Version der ursprünglich fischhaltigen Brühe entwickelt werden, da buddhistische Mönche nicht wie bisher Bonitofisch verwenden wollten. Stattdessen griffen sie zu Shiitake Pilzen. So entstand ein Klassiker der japanischen Küche, der bis heute viele Menschen begeistert.

Teppanyaki Grillsauce

Eine köstliche, sämige Teppanyaki Grillsauce selbst herzustellen, ist nicht nur einfach, sondern auch schnell erledigt. Innerhalb von nur 15 Minuten kannst du eine duftende Mischung aus Zwiebeln, Äpfeln, Knoblauch und Ingwer zubereiten und entweder in Gläser abfüllen oder direkt als leckere Grillsauce zu deinem japanischen Grillmenü servieren.

Für 400 ml:

100 ml Rotwein *(trocken)*

100 ml Sojasauce

2 EL Honig

75 g Zucker

1 EL Miso Paste

50 g Apfel

50 g Zwiebeln

2 Knoblauchzehen

25 g Ingwer *(frisch)*

3 EL La-Yu

3 EL Sesam

1. Schritt

Zu Beginn Apfel, Zwiebel, Knoblauch und Ingwer schälen und jeweils grob in kleine Stücke schneiden. Den Knoblauch dazu mit dem Messerrücken zuerst leicht andrücken, anschließend die Haut entfernen und dann in dünnere Scheiben schneiden. Alles bis zur Verwendung zur Seite stellen.

2. Schritt

In einem kleineren Topf Rotwein bei mittlerer Hitze aufkochen. Sobald der Wein kocht, die Hitze auf kleinste Stufe stellen und Sojasauce, Honig, Zucker sowie Miso Paste dazugeben.

3. Schritt

Alles gut verrühren. Anschließend die klein geschnittenen Zutaten *(Apfel, Zwiebel, Knoblauch und Ingwer)* mit in den Topf geben.

4. Schritt

Sobald der Apfel weich geworden ist, auch den Sesam und das Chiliöl hinzufügen und alles sorgfältig unterrühren. Jetzt die Hitze abstellen und den Topf vom Herd nehmen.

5. Schritt

Den Topfinhalt direkt im Topf oder in einem geeigneten Gefäß zu einer sämigen Sauce pürieren. Die fertige Teppanyaki Grillsauce in vorher ausgespülte Gläser füllen und gut verschließen *(so hält sie mindestens 1 Woche im Kühlschrank)* oder direkt zum Teppanyaki als Dipping Sauce servieren.

Wissen:

Teppanyaki ist eine schonende Kochmethode, die nicht nur exzellentes Essen bester Qualität bietet, sondern auch geselliges Beisammensein ermöglicht. Mit dem Teppan, dem japanischen Grill, kann man verschiedene Gerichte zubereiten; von einzelnen Zutaten bis zu ganzen Menüs. Beliebte Zutaten sind Gemüse, Fisch, Meeresfrüchte und Fleisch.

Schnelle Teriyaki Sauce

Pack deinen Kochlöffel aus und lass dich auf ein kulinarisches Abenteuer ein! Mit diesem Rezept gelingt dir eine authentische Teriyaki Sauce, die durch ihre herzhaft-süßliche Note gebratenem Gemüse, Fleisch und Fisch das gewisse Etwas verleiht - ganz wie in Japan. Und das Schönste daran? Du brauchst nur vier einfache Zutaten: Sojasauce, Mirin, Sake und Zucker!

Für 200 ml:

4 EL Sake

4 EL Mirin

8 EL Sojasauce

4 EL Zucker

1. Schritt

In einem Topf Sake, Mirin, Sojasauce und Zucker verrühren und bei mittlerer Hitze aufkochen.

2. Schritt

Sobald die Sauce aufgekocht ist, die Hitze auf kleinste Stufe stellen und 15 Minuten köcheln lassen. Dabei regelmäßig umrühren, um den Zucker aufzulösen.

3. Schritt

Nach der Kochzeit die Sauce entweder direkt weiterverwenden oder in ein Schraubglas füllen und mit offenem Deckel auskühlen *lassen (dann wird die Konsistenz noch etwas zäher).*

4. Schritt

Schließlich das Glas zuschrauben. Du kannst die hausgemachte Teriyaki Sauce nach Bedarf sofort verwenden oder sie in einem luftdichten, sterilisierten Glas wie einem Einmachglas bis zu 3 Wochen im Kühlschrank aufbewahren.

Tipp:

Das Wunderbare an Teriyaki Sauce ist ihre Vielseitigkeit. Hier sind einige meiner Lieblingsmethoden, um diese Sauce zu verwenden: Als Marinade für Fleisch oder Meeresfrüchte, als Glasur für Grillgerichte oder als Sauce für Pfannengerichte.

Gohan - Grundrezept für Reis

Mit diesem einfachen Rezept gelingt dir das Kochen von japanischem Kurzkornreis im Topf spielend leicht und ohne Anbrennen oder Überkochen. Lass uns mit diesem Rezept zurück zu den Grundlagen kehren und gemeinsam lernen, wie man diesen Reis auf dem Herd perfekt zubereitet.

Für 2 Portionen:

200 g Reis *(weiß, rundkörnig; z. B. Sushi Reis)*

1 Prise Salz

1. Schritt

Den Reis in einen Topf geben und mit reichlich kaltem Wasser auffüllen. Nun vorsichtig den Reis mit den Händen in kreisenden Bewegungen und mit leichter Reibung zwischen den Körnern waschen. Das Wasser langsam fast vollständig abgießen *(bei Bedarf mithilfe eines feinen Siebs)* und den Reis im Topf kräftig im restlichen Wasser durchwaschen. Jetzt wieder mit frischem kaltem Wasser auffüllen und vorsichtig kreisend waschen.

2. Schritt

Das Waschen und Abgießen der Reiskörner mindestens drei Mal wiederholen, bis das Wasser klar bleibt. Danach den Reis vollständig mit Wasser bedeckt für 30 Minuten ruhen und quellen lassen.

3. Schritt

Nach der Ruhezeit das Wasser komplett *(eventuell wieder durch das Sieb)* abgießen. Den Reis im Topf mit frischem Wasser im Verhältnis 1:1 *(bei 200g Reis ergibt dies 200ml Wasser)* und einer Prise Salz aufgießen. Jetzt den Topf, in dem sich der Reis und das Salzwasser befindet, auf den Herd stellen, den Deckel draufsetzen und bei mittlerer Hitze zum Kochen bringen. Sobald der Reis aufgekocht ist, die Hitze auf kleinste Stufe stellen und mit geschlossenem Deckel 13 Minuten leicht köcheln lassen. Der Deckel sollte in dieser Zeit nicht geöffnet werden!

Tipp:

Dieses Rezept reicht für 2 Portionen japanischer Reis als Beilage. Das entspricht etwa 500 g fertig gekochtem Reis.

4. Schritt

Sobald der Reis fertiggekocht ist, die Hitze komplett abstellen. Mit geschlossenem Deckel für 10 Minuten quellen lassen. Dann in Schüsseln servieren.

Yakimeshi - einfacher Bratreis

Tauche ein in die Welt der japanischen Küche und bereite mit diesem einfachen Yakimeshi Rezept perfekt gebratenen Reis zu. Yakimeshi ist ein traditionelles japanisches Reisgericht mit verschiedenen, üblichen Zutaten wie Gemüse, Schinken und Ei. Mit nur wenigen Schritten zauberst du eine köstliche und authentische Mahlzeit aus Japan in deine Küche.

Für 2 Portionen:

2 Portionen Reis *(fertig gekocht, am besten vom Vortag, Seite 14)*

2 Scheiben Schinken *(z. B. Kochschinken)*

2 Eier *(M)*

1 Knoblauchzehe

1 Frühlingszwiebel

1 EL Sesamöl

2 EL Sojasauce

2 EL Sake

1. Schritt

Den Schinken in kleine Würfel schneiden. Frühlingszwiebel unter fließendem Wasser waschen, abtropfen lassen und in dünne Ringe schneiden *(am besten mit einem großen Messer in Mitte teilen, zusammen legen und vom Lauch abwärts in feine Ringe schneiden, die Wurzelende entfernen)*. Die weißen und grünen Teile separat legen.

2. Schritt

Dann die Eier in einer Schüssel mit Pfeffer würzen und verquirlen.

3. Schritt

Nun in einer Pfanne das Sesamöl bei mittlerer Hitze erwärmen. Darin dann zuerst die weißen Teile der Frühlingszwiebel und die Schinkenwürfel für 2 Minuten anbraten.

4. Schritt

Dann Knoblauch mithilfe einer Knoblauchpresse hinzufügen. Die Hitze auf hoch stellen. Anschließend die Eiermasse und den Reis hinzugeben. Beides sofort miteinander vermengen und nach Möglichkeit die zusammengeklebte Reiskörner mithilfe eines Pfannenwenders teilen. Alles kräftig anbraten. Dazu nicht wild umherrühren, sondern lieber die Pfanne schwenken, sodass der Reis sogar etwas knusprig-kross wird.

5. Schritt

Die Hitze abstellen und mit Sake sowie Sojasauce würzen. Noch einmal schwenken und gut verteilen. Das Yakimeshi ist nun fertig. Zum Servieren am besten eine kleine Schüssel mit Wasser ausspülen, dann ohne Abtrocknen den gebratenen Reis einfüllen. Einen Teller wie einen Deckel draufsetzen, alles umdrehen und das Schüsselchen abheben. Mit den grünen Frühlingszwiebeln garnieren. Dazu passt eine deftige Gemüsesuppe und eingelegtes Gemüse.

Tipp:

Am besten funktioniert das Rezept mit am Vortag gekochtem oder übrig gebliebenem Reis. Diesen am besten flach auf einem Teller ausbreiten, kühl stellen und am nächsten Tag eine Stunde vorher hervorholen und auf Zimmertemperatur erwärmen lassen.

Chicken Fried Rice mit Erbsen

Lust auf eine kulinarische Reise nach Japan, ausnahmsweise mal ohne viel Aufwand? Dann probiere diesen Chicken Fried Rice aus und bringe Abwechslung auf deinen Teller! Hier trifft zartes Hähnchen auf leckeren Reis, verfeinert mit einer fruchtigen Tomatensauce und grünen Erbsen. Ob als Resteverwertung oder spontanes Kocherlebnis, dieses Gericht ist ein wahrer Gaumenschmaus und wird dich und deine Gäste begeistern.

Für 2 Portionen:

2 Portionen Reis *(fertig gekocht, am besten vom Vortag; Seite 14)*

200 g Hähnchen *(am besten ausgelöste Schenkel oder Brustfilet)*

1 Zwiebel

100 g Champignons

50 g Erbsen *(TK oder frisch, schon herausgelöst)*

20 g Butter

Salz & Pfeffer

5 EL Ketchup

5 EL Tomatenmark

5 EL Wasser

1. Schritt

Zu Beginn kümmern wir uns um die Sauce: Dazu Ketchup, Tomatenmark und Wasser in einer kleinen Schüssel miteinander verrühren. Zur Seite stellen.

2. Schritt

Das Hähnchenfleisch unter fließendem Wasser waschen und mit einem Küchenkrepp trocken tupfen. Dann in kleine Würfel schneiden und anschließend mit Salz und Pfeffer von allen Seiten würzen sowie leicht einreiben. Nun die Zwiebel schälen, halbieren und jede Hälfte in feine Würfel schneiden. Die Champignons von grobem Schmutz befreien und die Stiele abschneiden. Anschließend je nach Größe der Pilze entweder in Scheiben schneiden oder vierteln.

3. Schritt

In einer Pfanne die Butter bei mittlerer Hitze erwärmen. Darin dann zuerst die Champignons für 2 Minuten anbraten. Dann die Hitze höherstellen und die Zwiebeln sowie das Hähnchenfleisch hinzufügen und ebenfalls kräftig anbraten, bis das Fleisch nicht mehr rosa ist. Dann die Erbsen und die Tomatensauce hinzufügen. Die Sauce gut mit dem Pfanneninhalt verrühren.

4. Schritt

Den Reis in die Pfanne geben und nach Möglichkeit die zusammengeklebten Reiskörner mithilfe eines Pfannenwenders teilen. Alles kräftig anbraten. Dazu nicht wild umherrühren, sondern lieber die Pfanne schwenken. Solange braten, bis der Reis gründlich erhitzt und gut mit der Sauce umhüllt ist, also etwa 3 bis 4 Minuten.

5. Schritt

Der gebratene Hähnchenreis ist nun fertig. Zum Servieren am besten eine kleine Schüssel mit Wasser ausspülen, dann ohne Abtrocknen die Hälfte des gebratenen Reis einfüllen. Einen Teller wie einen Deckel draufsetzen, alles umdrehen und das Schüsselchen abheben. Jede Portion mit 3 Erbsen garnieren.

Tsukemono

Knackiges Amasuzuke mit Daikon

Eingelegt in süßen Essig ist dieses Daikon Amasuzuke perfekt, um während eines japanischen Menüs den Gaumen zu reinigen und die Aromen der gesamten Mahlzeit zu verbessern. Unbedingt beachtet werden muss allerdings die Vorbereitungszeit, denn das Gemüse wird mindestens 2 Tage im Kühlschrank mariniert!

Für 6 Portionen:

500 g Daikon *(oder anderes Gemüse wie Gurken, Möhren, Kohlrabi oder Radieschen)*

1 EL Reisessig

1 EL Sake

1/2 TL Salz

5 EL Zucker

1. Schritt

Zu Beginn den Daikon Rettich schälen und mit einem großen scharfen Messer in 1 cm breite Scheiben schneiden. Der grüne Teil wird hier nicht benötigt.

2. Schritt

Die Daikon Scheiben in einen wiederverschließbaren Plastikbeutel *(z. B. Gefrierbeutel)* geben und die Gewürze Reisessig, Sake, Salz und Zucker mit hineingeben.

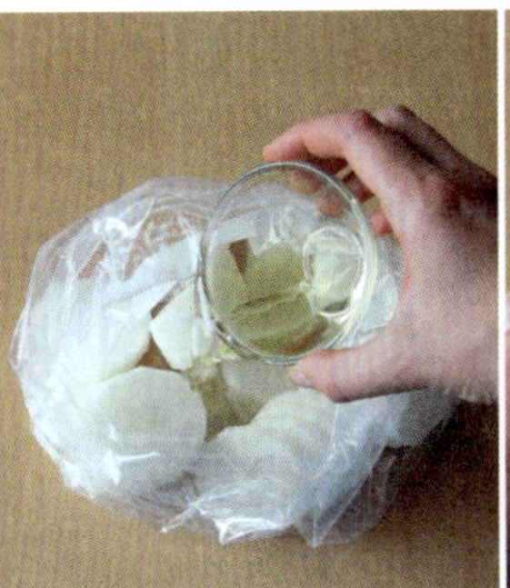

3. Schritt

Die Luft aus dem Beutel entweichen lassen, oben verschließen und kräftig mit beiden Händen schütteln sowie den Inhalt einmassieren, sodass sich alles gut vermischt. Den gut verschlossenen Beutel für 2 Tage in den Kühlschrank legen und den Inhalt immer mal wieder *(am besten morgens und abends)* bewegen.

4. Schritt

Nach zwei Tagen ist der selbstgemachte eingelegte Daikon Rettich fertig und hält sich für weitere 5 Tage im Kühlschrank. Zum Servieren einzelne Scheiben aus dem Beutel nehmen und in einer kleinen Schale servieren. Du kannst gerne als Dekoration einige getrocknete Chilischotenringe verwenden.

Wissen:

Tsukemono wurde schon früh in Japan als Mittel zur Konservierung von Lebensmitteln zubereitet. Im Laufe der Jahre wurde dies zu einem wichtigen Bestandteil der japanischen Ernährung.

Salziges Shiozuke mit Gurke

Das Rezept für Shiozuke mit Gurke ist die einfachste Art für japanisches Tsukemono, also eingelegtes Gemüse. Alles was du brauchst, ist frisches Gemüse der Saison und Salz. Probiere diese Beilage, um sie zusammen mit gedämpften Reis und einer selbstgemachten Miso Suppe zu servieren.

Für 6 Portionen

500 g Gurke *(oder anderes Gemüse wie Daikon, Möhren, Kohlrabi oder Radieschen)*

1 EL Salz

1. Schritt

Zu Beginn die Gurke unter fließendem Wasser waschen, mit einem Küchentuch trocknen und mit einem großen scharfen Messer in 1 cm breite Scheiben schneiden.

2. Schritt

Die Gurkenscheiben in einen wiederverschließbaren Plastikbeutel *(z. B. Gefrierbeutel)* geben und das Salz mit hineingeben.

3. Schritt

Die Luft aus dem Beutel entweichen lassen, oben verschließen und kräftig mit beiden Händen schütteln sowie den Inhalt einmassieren, sodass sich alles gut vermischt.

4. Schritt

Den gut verschlossenen Beutel für 2 Tage in den Kühlschrank legen und den Inhalt immer mal wieder *(am besten morgens und abends)* bewegen.

5. Schritt

Nach zwei Tagen ist die selbstgemachte eingelegte Gurke fertig und hält sich für weitere 5 Tage im Kühlschrank. Zum Servieren einzelne Scheiben aus dem Beutel nehmen und in einer kleinen Schale servieren.

Würziges Misozuke mit Möhren

Für 6 Portionen:

500 g Karotten *(oder anderes Gemüse wie Gurken, Daikon, Kohlrabi oder Radieschen)*

1 EL Miso Paste

1 EL Mirin

Frisches Gemüse trifft auf die salzige, umami-geladene Miso Paste - das ist Misozuke, ein echter Hochgenuss und eine ideale Beilage oder ein toller Snack für zwischendurch. In Japan wird Misozuke nicht nur gerne als Teil eines nahrhaften Frühstücks gereicht, sondern auch als leckerer Snack für den kleinen Hunger oder als feine Ergänzung zu anderen Gerichten serviert.

1. Schritt

Zu Beginn die Karotten schälen, die Enden abtrennen und mit einem großen scharfen Messer der Länge nach halbieren.

2. Schritt

Miso Paste und Mirin für die Marinade in einer kleinen Schüssel verrühren.

3. Schritt

Die Karotten in einen wiederverschließbaren Plastikbeutel *(z. B. Gefrierbeutel)* geben und die Marinade mit hineingeben.

4. Schritt

Die Luft aus dem Beutel entweichen lassen, oben verschließen und kräftig mit beiden Händen schütteln sowie den Inhalt einmassieren, sodass sich alles gut vermischt. Den gut verschlossenen Beutel für 2 Tage in den Kühlschrank legen und den Inhalt immer mal wieder *(am besten morgens und abends)* bewegen.

5. Schritt

Nach zwei Tagen sind die selbstgemachten eingelegte Karotten fertig und halten sich für weitere 5 Tage im Kühlschrank. Zum Servieren ggf. einzelne Karottenstifte aus dem Beutel nehmen, mit einem Messer in mundgerechte Stücke schneiden und in einer kleinen Schale servieren. Du kannst gerne als Dekoration etwas gerösteten Sesam verwenden.

Wissen:

In diesem Rezept verwende ich eine helle Shiro Miso Paste, die ein Muss zum Würzen von sehr vielen japanischen Gerichten ist. Für diese helle Miso Paste werden Sojabohnen einer kürzeren Fermentation unterzogen, wodurch sie im Vergleich zu dunkleren Miso Pasten milder und eher süßlich im Geschmack ist.

Suppen

Leichte Miso Suppe mit 3 Zutaten

In Japan ist eine Mahlzeit ohne Miso Suppe undenkbar. Die köstliche Suppe wird nicht nur zum Frühstück, sondern auch zum Mittag- und Abendessen serviert. Mit nur drei Zutaten kannst du eine leichte und dennoch sättigende Miso Suppe zaubern, die durch ihren tiefen Geschmack überzeugt. Dieses einfache Rezept ist ein absolutes Must-have für deine japanische Kochsammlung!

Für 2 Portionen:

10 g Katsuobushi

1 EL Miso Paste

2 Frühlingszwiebeln

1. Schritt

In einem Topf 500 ml Wasser zum Kochen bringen. Katsuobushi in den Topf geben, Hitze auf kleine Stufe reduzieren und für 5 Minuten köcheln lassen. In der Zwischenzeit Frühlingszwiebeln waschen, trocken tupfen und in feine Ringe schneiden *(am besten mit einem großen Messer in der Mitte teilen, zusammenlegen und vom Lauch abwärts in feine Ringe schneiden, die Wurzelende entfernen).* Beiseite stellen.

2. Schritt

Danach die Hitze abschalten. Den Topfinhalt durch ein Sieb oder Passiertuch in einen zweiten Topf füllen und so das ausgekochte Katsuobushi aus dem Sud entfernen *(das Katsuobushi kann als Füllung für Onigiri weiterverwendet werden).*

3. Schritt

In die fertige Katsuo Dashi Brühe mithilfe eines leeren Siebs *(ein feinmaschiges Metallsieb verwenden, das hitzebeständig ist)* die Miso Paste einrühren. Dazu das Sieb auf den Topfrand legen, die Miso Paste hineingeben und *(mit einem Löffel oder Kochstäbchen)* in die Flüssigkeit rühren.

4. Schritt

Die bereits vorbereiteten Frühlingszwiebelringe hinzufügen. Die fertige Miso Suppe wird in kleinen Schüsseln heiß serviert und mit Stäbchen gegessen sowie die Brühe direkt aus der Schüssel geschlürft.

Wissen:

Du kannst auch anderes Gemüse, Tofu oder Meeresfrüchte kurz in der Dashi Brühe kochen und am Ende die Miso Paste hinzufügen. Empfehlenswert sind als zusätzliche Highlights Wakame, grüner Spargel, Okra und Enoki Pilze.

Tonjiru Schweinefleischsuppe

Entdecke hier das herzhafte Aroma von Tonjiru, einer japanischen Schweinefleischsuppe. Verfeinert mit knackigem Gemüse und würziger Miso Paste ist sie der perfekte Begleiter für kalte Tage. Und das Beste: In nur 30 Minuten hast du sie auf deinem Tisch! Lass dich von diesem Rezept für Tonjiru verzaubern und genieße deinen persönlichen puren Wohlfühlmoment!

Für 4 Portionen:

1 l Dashi Brühe

100 g Schweinebauch *(auch andere Fleischteile möglich)*

1 Konnyaku

2 Scheiben Aburaage

1 Zwiebel

3 Möhren

1/2 kleiner Daikon

3 Satoimo *(alternativ Kartoffeln)*

3 Shiitake Pilze *(frisch)*

1 Bund Schnittknoblauch *(alternativ Frühlingszwiebeln)*

1 EL Sesamöl

4 EL Miso Paste

Shichimi Togarashi

1. Schritt

500 ml Wasser in einem Topf zum Kochen bringen. Das Konnyaku mit dem Rand einer kleinen Schüssel grob in mundgerechte Stücke zerteilen. Dann diese Stücke im kochenden Wasser für 1 Minuten kochen. Durch ein Sieb abgießen und abtropfen, das Wasser bitte wegschütten.

2. Schritt

Die Möhren waschen und schräg in etwa 1 cm breite Scheiben schneiden. Den Daikon Rettich und die Satoimo schälen und beides in 1 cm breite Halbmonde schneiden. Die Zwiebel schälen, dann halbieren und jede Hälfte in Spalten schneiden. Die Stiele und Wurzeln der Shiitake entfernen und den Schmutz etwas abputzen. Die Pilze mit einem Messer vierteln.

Schnittknoblauch unter fließendem Wasser waschen, abtropfen lassen und in dünne Ringe schneiden. Jetzt die Aburaage in schmale Streifen schneiden. Zum Schluss die Schwarte vom Schweinebauch abschneiden und das Fleisch in mundgerechte Stücke zerteilen.

3. Schritt

Nun in einem größeren Topf das Sesamöl erhitzen. Darin zuerst den Schweinebauch und das vorbereitete Gemüse zusammen mit den Pilzen für 2 Minuten anbraten. Danach die Dashi Brühe hinzufügen.

Zum Schluss Konnyaku und Aburaage hinzufügen. Den Deckel auf den Topf setzen und alles solange köcheln, bis das Gemüse weich wird. Das wird etwa 10 Minuten dauern. Zwischendurch, nach 5 Minuten, mithilfe des feinmaschigen Siebs die Hälfte der Miso Paste einrühren. Dazu das Sieb auf den Topfrand legen, die Miso Paste hineingeben und *(z. B. mit einem Löffel oder Kochstäbchen)* in die Flüssigkeit rühren. Zu Ende kochen lassen.

4. Schritt

Kurz vor Ende der Kochzeit die Hitze abstellen und den Schnittknoblauch hinzufügen. Sobald die Suppe nicht mehr sprudelnd kocht, die restliche Miso Paste zur Suppe *(auf die gleiche Art und Weise wie oben)* hinzufügen. Nun ist die Suppe fertig. Portionsweise in Schüsseln füllen und servieren.

Tipp:

Satoimo schälen und in mit kaltem Wasser in einer Schüssel für 30 Minuten einweichen, damit die Wurzel ihre schleimige Textur verliert.

Ozoni Festtagssuppe aus Japan

Ozoni ist eine köstliche und herzhafte Mochi Suppe, die traditionell zum japanischen Neujahrsfest serviert wird. Doch auch außerhalb der Festzeit ist sie eine wahre Gaumenfreude! Die leichte Suppe auf Dashi Basis enthält zartes Hähnchen und saisonales Gemüse, die perfekt miteinander harmonieren und für ein wohltuendes Geschmackserlebnis sorgen. Mit ihren zarten Aromen ergänzt diese Suppe jedes festliche Menü auf wunderbare Weise.

Für 4 Portionen:

1 l Dashi Brühe

4 Kirimochi

100 g Hähnchen *(Flügel, Schenkel oder auch Brust)*

1 Kugelrettich

1 große Möhre *(mit großem Durchmesser für Dekoration)*

1 Satoimo *(alternativ Kartoffel)*

100 g Komatsuna Spinat *(alternativ Babyspinat)*

4 Shiitake Pilze *(frisch)*

1 EL Sojasauce

1. Schritt

Satoimo schälen und in 5mm breite Scheiben schneiden. Zusammen mit kaltem Wasser in einer Schüssel für 30 Minuten einweichen, damit die Wurzel ihre schleimige Textur verliert. Den Backofen auf 180°C *(idealweise Umluft plus Grillfunktion oder nur Oberhitze)* vorheizen und ein Backblech mit Backpapier auslegen.

2. Schritt

In der Zwischenzeit das restliche Gemüse, also die Möhre und den Kugelrettich schälen sowie ebenfalls in 5 mm breite Scheiben schneiden. Die Kugelrettich Scheiben eventuell halbieren, damit alles etwa gleich groß ist. Außerdem den Spinat waschen und abtropfen lassen. Das Hähnchen vom Knochen lösen und in mundgerechte Stücke zerteilen. Shiitake halbieren.

3. Schritt

Der Ofen sollte nun heiß sein. Die Kirimochi aus der Verpackung holen *(wer möchte, kann sie auch noch vierteln)* und mit etwas Abstand zueinander auf dem mit Backpapier ausgelegten Backblech verteilen. Kirimochi auf der mittleren Ebene im Ofen für 15 bis 20 Minuten backen. Außerdem nun die Dashi Brühe in einem größeren Topf langsam erhitzen. Sobald die Kirimochi eine schöne goldene Farbe haben, herausholen und abkühlen lassen.

4. Schritt

Die eingeweichten Satoimo abgießen. Satoimo, Möhren, Kugelrettich, Shiitake und Hähnchen in die Dashi Brühe geben und alles zusammen bei starker Hitze aufkochen lassen. Danach die Hitze auf kleinere Stufe einstellen und alles etwa 7 Minuten ohne Deckel garen. Es wird ein wenig bräunlicher Schaum aufsteigen. Diesen mit einem feinen Metallsieb abschöpfen, solange bis nur noch weißer Schaum aufsteigt.

5. Schritt

Nach 5 Minuten die Sojasauce und den Spinat hinzugeben. Weitere 2 Minuten zu Ende köcheln lassen und dann die Hitze abstellen. Jetzt wird serviert. Die Suppe in kleine oder mittlere Schüsseln füllen und jeweils mit einem gebackenen Kirimochi servieren.

Tipp:

Tofu als Alternative zum Hähnchen? Kein Problem! Den Seidentofu einfach in Küchenpapier einwickeln und für etwa 10 Minuten abtropfen lassen. Anschließend vorsichtig auswickeln und in mundgerechte Stücke schneiden.

Kenchinjiru Gemüsesuppe

Kenchinjiru ist eine richtig sättigende und nahrhafte Beilagensuppe aus Tofu und Gemüse, die in einer mit Sojasauce gewürzten Dashi Brühe serviert wird. Dieses traditionelle Gericht hat seine Wurzeln im Buddhismus und ist auch für Veganer geeignet! Hier zeige ich dir, wie du diese leichte Gemüsesuppe mit leckeren Zutaten zuhause zubereitest!

Für 4 Portionen:

1 l Dashi Brühe

350 g Tofu
(am besten Seidentofu)

1 Konnyaku

2 Möhren

1/2 kleiner Daikon

100 g Shimeji Pilze

100 g Enoki Pilze

3 Shiitake Pilze
(frisch)

2 Frühlingszwiebeln

2 Scheiben Aburaage

1 EL Sesamöl

4 EL Sojasauce

2 EL Mirin

2 EL Sake

1. Schritt

Den Seidentofu zuallererst vorsichtig in Küchenpapier wickeln und für 15 Minuten zur Seite stellen. In der Zwischenzeit etwa 500 ml Wasser in einem Topf zum Kochen bringen. Das Konnyaku mit dem Rand einer kleinen Schüssel grob in mundgerechte Stücke zerteilen. Dann diese Stücke im kochenden Wasser für 1 Minute kochen. Danach durch ein Sieb abgießen und darin abtropfen lassen - das Wasser bitte wegschütten.

2. Schritt

Die Möhren waschen und schräg in etwa 1 cm breite Scheiben schneiden. Den Daikon Rettich schälen und in 1 cm breite Halbmonde schneiden. Danach sind die 3 Sorten Pilze dran: Jeweils die Stiele und Wurzeln entfernen und den Schmutz etwas abputzen. Die Shimeji und Enoki etwas vereinzeln, die Shiitake mit einem Messer vierteln. Nun den Seidentofu auswickeln und mit einem großen, scharfen Messer in 2 cm breite Würfel schneiden. Frühlingszwiebeln unter fließendem Wasser waschen, abtropfen lassen und in breite Ringe schneiden. Jetzt die Aburaage in schmale Streifen schneiden.

3. Schritt

Nun in einem größeren Topf das Sesamöl erhitzen. Darin dann zuerst das vorbereitete Gemüse zusammen mit den Pilzen für 2 Minuten anbraten. Dann das Konnyaku hinzufügen und mit Dashi Brühe übergießen. Zum Schluss Seidentofu und Aburaage hinzufügen. Den Deckel auf den Topf setzen und alles solange köcheln, bis das Gemüse weich wird. Das wird etwa 10 Minuten dauern. *Tipp: Zwischendurch am besten den aufsteigenden Schaum mit einem feinmaschigen Sieb abschöpfen, damit die Suppe schlussendlich schön klar bleibt.*

4. Schritt

Kurz vor Ende der Kochzeit die Frühlingszwiebeln hinzufügen und die Suppe mit Sojasauce, Sake und Mirin abschmecken. Nun ist die Suppe fertig. Portionsweise in Schüsseln füllen und servieren.

Wissen:

Kenchinjiru ist der Inbegriff für japanische Gemüsesuppen und wurde ursprünglich für die buddhistische Tempelküche entwickelt. Sie ist eine klare Suppe, die mit Wurzelgemüse, Tofu, Konnyaku und vielen Pilzen zubereitet wird. Besonders an kalten Herbsttagen wird dir diese fleischlose Suppe eine ausgewogene und geschmackvolle Mahlzeit bieten.

DOUTOR
3F
BAN-THAI RESTAURANT
バンタイ
タイ国料理専門店
BAN-THAI RESTAURANT
3F
焼肉
まぐろ商店
B1F
4F
薄利多賣半兵ヱ

Kleine Beilagen

Kyabetsu no Sarada - Krautsalat

Kennst du schon die perfekte Salatbeilage zu jedem japanischen Gericht? Ein erfrischender japanischer Krautsalat wird mit einem Dressing aus Sesamöl, Sojasauce und Mirin abgeschmeckt und ist in weniger als 10 Minuten zubereitet. Er passt herrlich gut zu frittierten oder gebratenen Hauptspeisen wie Tempura oder Tonkatsu. Authentisch japanisch kochen ist hier mal ganz einfach!!

Für 4 Portionen:

300 g Chinakohl *(auch Weißkohl oder Spitzkohl)*

1 kleine Gurke

1 EL Sojasauce

1 EL Mirin

1 EL Reisessig

1 EL Sesamöl

1 TL Sesam

1. Schritt

Den Kohl waschen und etwa 300 g davon abtrennen. *Tipp: Der restliche Kohl kann gerne zu Okonomiyaki verarbeitet werden.* Den abgewogenen Kohl nun mit einem großen, scharfen Messer in feine Streifen schneiden.

2. Schritt

Den geschnittenen Kohl in eine Schüssel füllen. Dann mit den Handballen kraftvoll massieren, damit der Kohl geschmeidig wird. So wird sein Aroma und die Konsistenz verbessert - ein echter Geheimtipp! Das dauert nicht lange, etwa 2 Minuten.

3. Schritt

Danach die Gurke abwaschen, halbieren und mit Schale in dünne Halbmonde schneiden. Ebenfalls in die Schüssel geben und unterheben.

4. Schritt

Jetzt in einer kleinen Schüssel für das Dressing Sojasauce, Mirin, Reisessig, Sesamöl und den gerösteten Sesam vermischen. Das Dressing zum Kohl und den Gurken geben und gut unterheben.

5. Schritt

Der japanische Krautsalat ist nun fertig und kann als Beilage in kleinen Salatschüsseln oder direkt auf dem Teller des Hauptgerichts serviert werden.

Kalter Hiyayakko Tofu

Bist du auf der Suche nach einer einfachen, aber köstlichen Beilage, die in nur 5 Minuten fertig ist? Dann probiere doch mal Hiyayakko aus. Der zarte Seidentofu wird mit einer leckeren Sauce aus Sojasauce, geriebenem Ingwer und Katsuobushi verfeinert und mit knackigen Frühlingszwiebeln garniert. Das Beste daran? Du benötigst nur 5 einfache Zutaten!

Für 4 Portionen:

350 g Tofu
(am besten Seidentofu)

3 Frühlingszwiebeln

20 g Ingwer
(frisch)

4 EL Katsuobushi

4 EL Sojasauce

1. Schritt

Den Seidentofu zuallererst vorsichtig in Küchenpapier wickeln und für 15 Minuten zur Seite stellen.

2. Schritt

In der Zwischenzeit Frühlingszwiebeln waschen, trockentupfen und in feine Ringe schneiden. Den Ingwer schälen und mit einer Küchenreibe fein reiben.

3. Schritt

Den abgetropften Tofu vorsichtig aus dem Küchenpapier wickeln und mit einem großen scharfen Messer vierteln. Jedes Viertel auf jeweils einen flachen Teller oder eine größere Schale verteilen.

4. Schritt

Jedes Tofustück mit Frühlingszwiebelringen, einer kleinen Portion geriebenem Ingwer und Bonitoflocken garnieren. Anschließend vorsichtig mit jeweils 1 EL Sojasauce übergießen. Servieren!

Wissen:

Das fertige Hiyayakko passt perfekt zu einer Schüssel dampfenden frisch gekochten Reis und ist der idealer Begleiter zu allen japanischen Hauptgerichten!

Horenso no Gomaae - Spinatsalat

Erlebe mit diesem japanischen Spinatsalat in nussigem Sesam Dressing ein einfaches und köstliches Gericht aus Japan, das sich schnell zubereiten lässt und perfekt als vielseitige Beilage zu verschiedenen Speisen passt. Lass dir diese ausgewogene Gemüsebeilage nach nicht einmal 10 Minuten schmecken!

Für 4 Portionen:

250 g Spinat *(frisch)*

1 TL Salz

3 EL Sesam

2 EL Sojasauce

1/2 EL Sake

1/2 EL Mirin

1 EL Zucker

1. Schritt

Zu Beginn kümmern wir uns um das Sesam Dressing: Dazu eine beschichtete Pfanne bei mittlerer bis hoher Stufe erhitzen. Sesam hinzufügen und für wenige Minuten rösten. Zwischendurch schwenken oder mit einem Pfannenwender bewegen, damit es nicht verbrennt. Sobald die ersten Sesamkörner umherspringen, die Hitze abstellen und das geröstete Sesam in einen Mörser füllen.

2. Schritt

Das geröstete Sesam im Mörser kleinstoßen und miteinander verreiben *(idealerweise ist dafür ein japanischer Suribachi Mörser geeignet, es sollte aber auch mit einem anderen funktionieren)*. Die Sesampaste *(es dürfen gerne noch ein paar grobe Stücke zusehen sein)* in eine kleine Schüssel füllen. Dann das Sesam mit Sojasauce, Mirin, Sake und Zucker vermischen und zu einem Dressing verrühren. Zur Seite stellen.

3. Schritt

Nun in einem weiten Topf etwa 3 Liter Wasser zum Kochen bringen. Das Salz hinzufügen. Währenddessen eine Schüssel mit eiskaltem Wasser bereitstellen. Sobald das Wasser kocht, den Spinat kurz unter fließendem Wasser abspülen und direkt in den Topf geben. Den „Spinatberg“ mit einem Löffel oder einer Schaumkelle ins heiße Wasser drücken und für 1 Minute garen *(wenn du sehr zarten Spinat hast, dann lieber noch etwas kürzer garen!)*.

4. Schritt

Dann den Spinat mit einer Schaumkelle zügig herausfischen und direkt ins vorbereitete kalte Wasser geben. Kurz durchkühlen lassen, dann mit den Händen portionsweise herausholen und das Wasser auswringen. In eine Schüssel geben. Jede Spinatportion mit einem Messer in drei Teile schneiden, dann zurück in die Schüssel geben und mit dem Sesam-Dressing vermischen *(du kannst einen Löffel verwenden; ich arbeite hier lieber mit den Händen, das funktioniert besser)*.

5. Schritt

Der selbstgemachte Spinat Salat mit Sesam Dressing ist nun fertig. Zum Servieren am besten in kleine Schüsseln portionieren.

Wissen:

Traditionell wird dieses Rezept mit japanischem Komatsuna Spinat zubereitet. Wenn du diesen bekommst, verwende gerne diese Sorte. Ansonsten ist dieses Rezept auch mit üblichem, aber unbedingt frischem Spinat lecker!

Gedämpfter Chawanmushi Eierstich

Dieser gedämpfte Eierstich mit zartem Hähnchen und Meeresfrüchten ist ein wahrer Gaumenschmaus und wird dich in eine andere Welt entführen. Lass dich von der harmonischen Kombination aus verschiedenen Aromen verzaubern und genieße ein einzigartiges Geschmackserlebnis.

Für 2 Portionen:

100 g Hähnchen *(z. B. herausgelöste Oberschenkel oder Brustfilet)*

2 EL Sake

4 cm Kamaboko, bereits aufgetaut *(TK-Ware)*

100 g Shrimps *(vorgekocht, oder gerne auch frisch)*

50 g Shimeji Pilze

etwas Sprossen *(hier Radieschen)*

2 Eier *(S)*

200 ml Dashi Brühe

1 EL Sojasauce

1 EL Mirin

1/2 TL Salz

1. Schritt

Stelle die Chawanmushi Tassen mit ihren Deckeln in einen großen Topf inklusive Dampfgareinsatz, um zu überprüfen, ob sie gut hineinpassen. Gieße dann so viel Wasser ein, dass die Chawanmushi Tassen bis zur Hälfte im Wasser stehen. Die Tassen herausnehmen.

2. Schritt

Das Hähnchen waschen, in 1 cm große Stücke schneiden und in eine Schüssel geben. Sake hinzugeben, einmassieren und für 10 Minuten ziehen lassen. In der Zwischenzeit Kamaboko in 4 dünne Scheiben schneiden. Shrimps und Sprossen waschen. Die Stiele der Shimeji Pilze großzügig abschneiden und in Büschel zerteilen. Das Wasser im Topf aufkochen lassen.

3. Schritt

Eine Schüssel auf eine Küchenwaage stellen. Dann die Eier in die Schüssel aufschlagen. Messe das Gewicht der Eier und multiplizieren es mit 3, um die benötigte Menge an Dashi zu erhalten *(z. B. 90 g Eier x 3 = 270 ml Dashi)*. Füge die errechnete Dashi Menge zu den Eiern hinzu. Gebe Mirin, Sojasauce und Salz in die Tasse mit den Eiern und dem Dashi. Verquirle alles. Dann die Eimischung durch ein feinmaschiges Sieb in eine andere Schüssel abseihen. So erhältst du eine feine, seidige Textur.

4. Schritt

Nun alle Zutaten gleichmäßig in die Chawanmushi Tassen verteilen: Zuerst das Hähnchenfleisch *(in einer einzigen Schicht)*, dann die Shimeji Pilze und schließlich die Schrimps. Dann die bunten Zutaten wie Kamaboko und Sprossen darauf verteilen. Gieße die Eimischung vorsichtig in die Becher, so dass ein Teil der oberen Zutaten von der Eimischung nicht bedeckt ist. Luftblasen an der Oberfläche mit einem Bambusstäbchen aufplatzen.

5. Schritt

Sobald das Wasser kocht, die Hitze auf die niedrigste Stufe reduzieren. Die gefüllten Tassen in das heiße Wasser stellen, die Deckel auf die Tassen setzen und den Topf abdecken, dabei den Topfdeckel leicht geöffnet lassen. Auf niedrigster Stufe 20 Minuten sanft köcheln lassen. *Tipp: Das Wasser sollte eine Temperatur von 80 bis 90 °C haben. Am besten mit einem Küchenthermometer überprüfen!* Vorsichtig die Tassen aus dem heißen Wasser nehmen. Die Tassen mit ihren Deckeln warm servieren.

Tipp:

Ein Chawanmushi Becher fasst 200 ml. Du kannst gerne andere, hitzebeständige Tassen benutzen, bitte aber keine zu dicken Tassen auswählen, da die Hitze nicht so leicht in die Tassen eindringen kann. Wenn du keinen Deckel hast, kannst du die Tassen auch mit Alufolie abdecken.

Frittierter Agedashi Tofu

Agedashi Tofu ist ein Gericht, das es in sich hat: Knusprig-frittierter Tofu, der von einer würzigen Dashi Brühe umgeben ist und mit geriebenem Daikon Rettich und Frühlingszwiebeln garniert wird. Dieses traditionelle Gericht ist nicht nur unglaublich lecker, sondern auch noch einfach zuzubereiten.

Für 2 Portionen:

300 g Tofu *(zum Frittieren)*

4 EL Kartoffelstärke

4 EL Weizenmehl

200 ml Öl *(z. B. Rapsöl)*

200 ml Dashi Brühe

2 EL Sojasauce

2 EL Mirin

1 Frühlingszwiebel

5 cm Daikon

Shichimi Togarashi

1. Schritt

Den Tofu zuallererst in 3 Lagen Küchenpapier wickeln und für 15 Minuten in eine Auflaufform stellen und irgendetwas schweres *(etwa eine andere mit Wasser gefüllte Auflaufform)* obendrauf stellen, damit das Wasser aus dem Tofu gepresst wird.

2. Schritt

Dashi, Sojasauce und Mirin in einen kleinen Topf geben und zum Köcheln bringen. Dann die Hitze ausschalten, einen Deckel auflegen und beiseitestellen.

3. Schritt

Außerdem die Frühlingszwiebel unter fließendem Wasser waschen, abtropfen lassen und in breite Ringe schneiden. Danach den Daikon Rettich schälen und mithilfe einer Küchenreibe fein reiben.

4. Schritt

Das Öl in einer Pfanne mit hohen Rand auf etwa 170°C erhitzen. Mehl und Kartoffelstärke in einer separaten Form mischen. Den Tofu auspacken und in 8 Stücke schneiden. Jedes Tofustück in der Mehlmischung wälzen, bis es rundherum bedeckt ist. Wenn das Öl heiß ist, die panierten Tofustücke in die Pfanne hineinlegen. *Tipp: Achte darauf, dass die Pfanne nicht zu voll ist, damit alles schön knusprig wird.* Den Tofu frittieren, dabei einmal wenden, bis alle Stücke hellbraun und knusprig sind. Auf ein Küchenpapier legen, damit das überschüssige Öl abtropfen kann.

5. Schritt

Den Tofu portionsweise auf einen Servierteller geben und mit der warmen Sauce beträufeln. Mit den gehackten Frühlingszwiebeln, geriebenem Daikon und etwas Shichimi Togarashi bestreuen.

Wissen:

Agedashi bedeutet "frittieren und servieren" und wurde früher nicht nur für Tofu, sondern auch für Auberginen, Rettich und verschiedene Arten von Kartoffeln ohne Teig verwendet. Heute bezieht sich der Begriff Agedashi jedoch fast ausschließlich auf frittierten Tofu.

Goma Wakame Algensalat

Goma Wakame ist ein typischer japanischer Algensalat, der nicht nur köstlich, sondern auch ein leichter Genuss zu einem authentischen Menü wie in Japan ist. Dieses Rezept ist besonders schnell und einfach zubereitet - das Highlight ist der verwendete Yuzusaft, der dem Salat eine dezente exotische Aromanote verleiht!

Für 2 Portionen:

4 EL Wakame

1 EL Yuzusaft *(oder Limettensaft)*

1/2 EL Reisessig

1 EL Sesamöl

1/2 EL Zucker

1 EL Sesam

etwas Pfeffer

1. Schritt

Zu Beginn Wakame in eine mittelgroße Schüssel geben und mit lauwarmem Wasser komplett, bis kurz unter den Schüsselrand bedecken - die Wakame Algen werden sich vollsaugen, sodass das Gefäß nicht zu klein sein sollte. Für 10 Minuten einweichen lassen.

2. Schritt

In der Zwischenzeit in einer Schale, in der der Salat serviert werden soll, die Zutaten für das Dressing Yuzusaft, Reisessig, Sesamöl, Zucker, Sesam und Pfeffer verrühren.

3. Schritt

Nachdem sich das Wakame mit Wasser vollgesogen hat, durch ein Sieb abgießen und kurz abtropfen lassen. Dann zum Dressing geben und unterheben. Der Goma Wakame Salat kann jetzt serviert werden.

Wissen:

Die knackigen Wakame Blätter verleihen Gerichten eine süßliche Note und werden daher auch als "süße Gemüsealge" bezeichnet. Ursprünglich aus dem Pazifik um Japan, China und Korea stammend, werden sie heute in flachen Gewässern gezüchtet und nach sorgfältiger zweijähriger Reifezeit geerntet. Anschließend erfolgt die schonende Trocknung, um die optimale Qualität und Geschmacksintensität zu gewährleisten.

Isobeyaki in süßer Sojasauce & Nori

Isobeyaki sind so unscheinbar und doch eine echte Geschmacksexplosion! Diese phänomenalen Yakimochi werden in der Pfanne innen schön weich und außen knusprig-kross gebraten. Die Hülle aus würzigem Noriblatt wird nur noch von der karamellisierten Sauce übertroffen!

Für 4 Portionen:

4 Kirimochi

1 Noriblatt

4 EL Sojasauce

4 EL Zucker

2 EL Öl
(z. B. Rapsöl)

1. Schritt

Zuerst das Noriblatt mit einer Schere halbieren, beide Seiten übereinanderlegen und noch einmal halbieren, sodass 4 lange Noristreifen entstehen. Die Streifen mit etwas Abstand zueinander auf die saubere Arbeitsfläche legen. Außerdem die Sojasauce mit dem Zucker verrühren und bereitstellen.

2. Schritt

Nun das Öl in einer Pfanne bei mittlerer bis hoher Stufe erhitzen. Die Kirimochi darin solange braten, bis sie von beiden Seiten eine leichte Bräunung angenommen haben *(dies wird etwa 5 Minuten dauern)*. Die Mochi Blöcke immer wieder vorsichtig *(am besten mit einer Zange)* wenden, damit sie im Inneren gleichmäßig weich werden.

3. Schritt

Haben die Kirimochi eine schöne Farbe angenommen und fühlen sich beim Wenden weich an, dann die Mischung aus Sojasauce und Zucker noch einmal umrühren *(damit der Zucker nicht an der Schüssel kleben bleibt)* und über die Kirimochi gießen. *Achtung: Bitte vorsichtig sein, die Mischung wird sprudelnd kochen!* Die Hitze abstellen und in der Restwärme die Kirimochi in der heißen Sauce "baden", also mit der Zange wenden, sodass die langsam zäher werdende Sauce an den Kirimochi hängen bleibt.

Tipp:

Kirimochi haben üblicherweise eine zarte Perforation. Damit kann jeder Kirimochi Reisblock mit einem großen scharfen Messer noch einmal halbiert oder geviertelt werden!

Sie müssen gegrillt, gekocht oder gebraten werden - direkt roh können sie nicht gegessen werden, stattdessen müssen Kirimochi vorher erwärmt werden!

4. Schritt

Nach etwa 2 Minuten jedes gebratene Kirimochi in eins der vorbereiteten Noristreifen wickeln. Am besten mit der Zange oder zwei Gabeln arbeiten, es ist sehr heiß! Die fertigen Isobeyaki unbedingt warm servieren.

天
正一位
天開稲荷大明神
天
正一位
天開稲荷大明神

Große Beilagen

Gerolltes Tamagoyaki Omelett

Tamagoyaki ist das perfekte Beispiel für die Vielfalt der japanischen Küche. Dieses gerollte Omelett ist nicht nur eine hervorragende Beilage oder ein Belag für Sushi, sondern auch eine köstliche Ergänzung für selbstgemachte Bentos! Die einzigartige Würzung mit Dashi, Sojasauce und Mirin verleiht diesem Omelett ein unverwechselbares Aroma, der deine Geschmacksnerven auf eine kulinarische Reise schickt!

Für 4 Portionen

4 Eier *(M*

4 EL Dashi Brühe

1 EL Sojasauce

1 EL Mirin

1 TL Zucker

1 EL Öl
(z. B. Rapsöl

1. Schritt

Die Eier in einer Schüssel mit einem Schneebesen oder einer Gabel verquirlen.

2. Schritt

Zu den verquirlten Eiern Dashi Brühe, Sojasauce, Mirin und Zucker geben sowie gut vermischen.

3. Schritt

Eine Pfanne *(am besten eine viereckige Tamagoyaki Pfanne)* mithilfe eines gefalteten Küchenpapiers oder eines Pinsels mit etwas Öl ausstreichen, sodass ein leichter Ölfilm entsteht. Die Pfanne bei mittlerer Hitze erwärmen. Etwa ein Viertel der Eiermasse in die Pfanne geben: Eier am oberen Rand *(dort, wo der Pfannengriff ist)* einfüllen, dann Pfanne leicht schräg anheben, sodass sich die Eiermasse gleichmäßig in der Pfanne verteilt.

4. Schritt

Das stockende, halbfeste, an der Oberfläche noch feuchte Omelett mit einem Pfannenwender *(oder für Profis mit Kochstäbchen)* in Richtung Pfannengriff vorsichtig einrollen. Die Rolle zum anderen Pfannenende schieben. Den Pfannenboden wieder mit Öl ausstreichen und ein weiteres Viertel der Eiermasse einfüllen. Das bereits gerollte Omelett etwas anheben, sodass sich Eiermasse gut verteilen kann. Sobald das neue Omelett nur noch wenig feucht ist, die erste Rolle über die halbfeste Masse vorsichtig rollen, sodass die Tamagoyaki Rolle immer dicker wird. Ablauf wiederholen, bis das Ei aufgebraucht ist.

5. Schritt

Sobald das Ei ein letztes Mal aufgerollt wurde, die gesamte Tamagoyaki Rolle aus der Pfanne heraus vorsichtig auf eine Sushi-Bambusmatte heben und darin einrollen. So für 3 Minuten ruhen lassen. Danach Tamagoyaki quer in 2 cm dicke Scheiben schneiden, sodass die durch das einseitige Braten entstandene Maserung sichtbar wird. Tamagoyaki servieren oder als Füllung für Maki Sushi zurechtlegen.

Wissen:

Für die Zubereitung werden die verquirlten Eier typischerweise in einer speziellen rechteckigen Makiyakinabe Eisenpfanne gebraten. Durch die Form der Tamagoyaki Pfanne und den einseitig geschwungenen Rand ist sie bestens dafür geeignet, das Omelett richtig zu rollen und in die traditionellen Scheiben zu schneiden!

Deftige Gyoza Teigtaschen

Gyoza sind eine echte kulinarische Offenbarung aus Japan und gehören zu meinen absoluten Favoriten unter den Beilagen. Diese kleinen Teigtaschen, gefüllt mit einer aromatischen Mischung aus Weißkohl, Frühlingszwiebeln und Knoblauch, sind nicht nur unglaublich lecker, sondern auch herrlich knusprig. Mit einer pikant-scharfen Dipping Sauce aus Reisessig, Sojasauce und Chiliöl serviert, erlebt man hier eine Geschmacksexplosion, die man so schnell nicht vergessen wird!

1. Schritt

Als erstes für die Gyoza Dipping Sauce Reisessig, Sojasauce, Sesamöl und Chiliflocken in einer kleinen Schale vermischen und bis zum Servieren zur Seite stellen *(damit zieht die Schärfe schön in die Sauce ein)*.

2. Schritt

Nun für die Füllung zuerst einzelne Blätter vom Kohlkopf lösen. Die Blätter mit einem großen Messer in sehr feine Stücke schneiden (maximal 5 x 5 mm groß). Frühlingszwiebel waschen, trockentupfen und in feine Ringe schneiden. Den Knoblauch mit dem Messerrücken leicht andrücken und anschließend die Haut entfernen. Nun fein hacken.

3. Schritt

In einer großen Schüssel Hackfleisch, Kohl, Frühlingszwiebeln, Knoblauch, Sojasauce, Sake, Sesamöl und Pfeffer mit den Händen vermischen.

Zum Füllen und Formen der Gyoza eine kleine Schale mit frischem Wasser bereitstellen. Nun ein Teigblatt in die flache Hand legen und mit einem kleinen Löffel einen kleinen Kleks Füllung in die Mitte der Teigtasche setzen.

4. Schritt

Damit die Ränder später gut zusammenhaften, den Teigrand mit einem angefeuchteten Finger zur Hälfte entlangfahren. Dann die andere Teighälfte des Blatts über die Füllung auf den feuchten Rand legen.

Für 2 Portionen:

- 20 Teigblätter für Gyoza
- 200 g Hackfleisch *(vom Schwein)*
- 100 g Weißkohl *(alternativ China- oder Spitzkohl)*
- 3 Frühlingszwiebeln
- 2 Knoblauchzehen
- 2 EL Sojasauce
- 1 EL Sake
- 1 EL Sesamöl
- 1/2 TL Pfeffer
- 5 EL Öl *(z. B. Rapsöl)*
- 50 ml Wasser

<u>Für die Dipping Sauce:</u>

- 3 EL Reisessig
- 3 EL Sojasauce
- 1 TL Sesamöl
- 1/2 TL Chiliflocken

Jetzt den Rand der Gyoza in die klassischen Falten legen. Dazu immer nach etwa 2 cm ein Stückchen Rand zwischen Daumen und Zeigefinger nehmen und eine Falte formen sowie diese gründlich *(aber mit Gefühl)* zusammendrücken. Den gesamten Teigrand bis zum anderen Ende entlangarbeiten, damit die Teigtaschen beim Braten gut zusammenhalten. Mit allen Teigblättern so verfahren.

5. Schritt

Eine Pfanne auf mittlerer Hitze erwärmen und das Öl hineingeben. Die Teigtaschen in der Pfanne platzieren und solange braten bis sie von unten wunderschön goldbraun sind, das dauert etwa 3 bis 4 Minuten. *Achtung: Nicht wenden!*

Jetzt das Wasser vorsichtig in die Pfanne gießen und alles mit einem Deckel abdecken. Die Gyoza 3 Minuten dämpfen, bis das Wasser verkocht ist. Die Hitze abstellen und den Deckel wieder abnehmen, sodass das restliche Wasser verdunsten kann. Bei Bedarf *(wenn die Teigtaschen noch nicht richtig knusprig sind)* 1 EL Sesamöl in die Pfanne geben und 1 Minute braten.

Dann die fertigen Gyoza aus der Pfanne nehmen und mit der Unterseite nach oben auf einem Teller oder einer Platte anrichten. Dazu die Dipping Sauce servieren.

Tipp:

Du kannst Gyoza Teigblätter auch selber machen! Dafür benötigst du 4 Zutaten: 250 g Mehl, 25 g Stärke, 1/2 TL Salz und 140 ml Wasser. Und so geht's: Koche das Wasser auf, löse Salz darin auf und vermische es mit gesiebtem Weizenmehl und Stärke zu einem Teig. Knete den Teig gut durch, wickle ihn in Frischhaltefolie und lass ihn 30 Minuten ruhen. Rolle den Teig auf einer mit Stärke bestäubten Fläche sehr dünn aus und stich Kreise von etwa 9 cm Durchmesser aus. Bepinsle jedes Teigblatt mit Stärke, damit sie nicht zusammenkleben, und bedecke sie mit einem feuchten Tuch, um Austrocknen zu vermeiden. Mit diesen einfachen Schritten kannst du perfekte, hausgemachte Gyoza Teigblätter herstellen!

Japanische Tischkultur

- Eine Einführung in das traditionelle japanische Tafelgeschirr -

Du fragst dich, wie man ein traditionelles japanisches Menü in authentischem Ambiente serviert? Hier zeige ich dir alles, was du dazu wissen musst, wie du ein japanisches Menü stilecht präsentierst:

Schalen für Reis und Suppen:

Große Teller, Donburi und Ramen Bowls für Hauptgerichte:

Donburi und Ramen Bowls für Reis- und Nudelgerichte:

Kleine Teller für Beilagen, Tsukemono und Desserts sowie Saucen und Gewürze:

Essstäbchen und Essstäbchenhalter:

Es gibt eine Fülle von Websites, die eine Vielzahl an japanischem Geschirr anbieten, von traditionell bis modern. Und wenn du lieber in Person einkaufen möchtest, sind Asienläden oft gut sortiert und bieten eine schöne Auswahl an Geschirr und anderen Utensilien für dein japanisches Menü.

Ergänze dein geplantes japanisches Tischgedeck mit westlichen, üblichen Elementen und lege Wert auf handgemachte Keramik in erdigen oder weißen Tönen. Achte auf eine harmonische, stimmige Kombination von Farben, Formen und Texturen, bei dem jedes Element seinen spezifischen Platz und Zweck hat.

Onigiri mit würzigen Lachsflocken

Onigiri mit Lachs sind der perfekte Snack für unterwegs und gehören zu den absoluten Reisbällchen Favoriten! Sie sind lecker, sättigend und machen Spaß bei der Zubereitung. Hier zeige ich dir, wie du die Füllung aus selbstgemachten Lachsflocken und Sojasauce zusammen mit Frühlingszwiebeln ganz einfach selber machen kannst! Wenige Zutaten, ein paar Handgriffe und fertig!

Für 6 Stück:

600 g Reis
(fertig gekocht; Seite 14)

100 g Lachsfilet
(ohne Haut)

1 EL Butter

2 EL Sojasauce

1 Frühlingszwiebel

1 TL Sesam

1 Noriblatt

Hilfreiche Utensilien:

Onigiri Reisformer

1. Schritt

Den Reis nach dem Rezept auf Seite 14 kochen und für 20 Minuten in einer größeren Schüssel abkühlen lassen. Für die Füllung in einer Pfanne die Butter erhitzen. Sobald die Butter geschmolzen ist und leicht schäumt, den Lachs hineinlegen und knusprig-kross braten. Dann den Lachs wenden und ebenfalls braten.

2. Schritt

Nun den gebratenen Lachs in der Pfanne auseinanderbrechen, sodass kleine Flocken entstehen. Sojasauce unter die Lachsflocken rühren und 5 Minuten leicht köcheln lassen. Danach in eine Schüssel füllen und kurz abkühlen lassen. Außerdem Sesam dazugeben. In der Zwischenzeit die Frühlingszwiebeln in feine Ringe schneiden und zu den Lachsflocken fügen. Alles gut vermischen und unter den gekochten Reis heben.

3. Schritt

Das Noriblatt mit einer Schere in kleine Rechtecke schneiden. Eine kleine Schüssel mit leicht gesalzenem Wasser befüllen und bereitstellen. Darin jeweils zum Formen der Reisbällchen den Onigiriformer *(große und kleine Seite)* eintauchen und kurz abtropfen lassen. Die große Seite des Onigiriformers mit etwa 120 g vom gewürzten Reis befüllen. Jetzt den Deckel des Onigiriformers auf den Reis setzen und beide Seiten mit leichtem Druck ineinander drücken. Den Onigiriformer öffnen und das Reisdreieck aus der Form holen.

Um die Reisbälle alternativ mit den Händen zu formen, befeuchte deine Hände mit dem Wasser aus der Schüssel. Gebe Reis in eine deiner Hände und forme diesen zu einem Dreieck oder eine andere Form, ganz nach deinen Wünschen. Drücke den geformten Reis in der Mitte ein wenig ein, sodass eine Kuhle entsteht. Dort kannst du die Füllung deiner Wahl hineingeben. Schließe die Mulde anschließend gut.

Onigiri sind frisch am besten, da der Reis nach einiger Zeit schnell trocken und das Noriblatt leicht matschig wird. Bitte nicht im Kühlschrank aufbewahren, sondern in Folie oder einer Lunchbox verpacken.

4. Schritt

Das Reisdreieck jetzt mit Nori nach Lust und Laune umwickeln. Sobald das Onigiri fertig ist, sollte es baldmöglichst verzehrt werden.

Nasu Dengaku - Aubergine in Miso

Nasu Dengaku ist die perfekte Fusion aus Aubergine und Miso Paste. Lass dich verführen von diesem traditionellen japanischen Rezept, bei dem zartes Auberginenfleisch auf eine aufregende kulinarische Reise geht. Mit einem kurzen und kraftvollen Braten entsteht eine knusprige Hülle, bevor die Aubergine mit einer süß-herzhaften Miso Glasur im Ofen zu ihrer vollen Pracht erwacht. In nur 15 Minuten zauberst du eine Beilage, die einfach unwiderstehlich ist.

Für 2 Portionen:

2 große Auberginen

2 EL Miso Paste

2 EL Mirin

1 EL Sake

1 EL Zucker

50 ml Öl
(z. B. Rapsöl)

2 TL Sesam

1. Schritt

Den Ofen auf 210°C Umluft vorheizen. Als erstes für die Glasur Miso Paste, Mirin, Sake und Zucker in einer Schüssel verrühren und bereitstellen.

2. Schritt

Die Auberginen waschen, trockentupfen und mit einem großen Messer der Länge nach halbieren. Dann das Innere der Auberginen jeder Hälfte mit einem Messer in einem Kreuzmuster einschneiden.

3. Schritt

Eine große Pfanne bei starker Hitze erwärmen und Öl *(hier nicht am Öl sparen, da die Aubergine viel davon aufsaugen wird)* hineingeben. Die Auberginenhälften mit der Haut nach unten in die Pfanne legen und 2 bis 3 Minuten braten lassen, bis die Hautseite sich verfärbt und weich wird.

4. Schritt

Nun die Aubergine wenden und die eingeritzte Innenseite 3 bis 4 Minuten lang mit geschlossenem Deckel braten, bis die Aubergine weich und das Fruchtfleisch gebräunt ist.

5. Schritt

Den Boden einer Auflaufform mit Backpapier auslegen. Die gebratenen Auberginenhälften aus der Pfanne nehmen und in die Form mit der Haut nach unten platzieren. Jede Hälfte großzügig mit der vorbereiteten Miso Glasur bestreichen. Die Auflaufform in den Ofen auf mittlerer Schiene schieben und alles 5 bis 7 Minuten backen lassen, sodass die Glasur anfängt Blasen zu werfen und etwas in die Aubergine einzieht. Den Ofen abschalten und die Form herausholen. Zum Abschluss die glasierten Auberginen mit Sesam *(und ggf. weiteren Toppings wie Schnittlauch)* garnieren.

Gefüllte Inari Zushi Tofutaschen

Diese köstlichen frittierten Tofutaschen sind ein absolutes Muss für jeden, der nach außergewöhnlichen Geschmackserlebnissen sucht. Egal, ob du zuhause kochst oder ein Picknick unter freiem Himmel planst - dieses Rezept verspricht puren Genuss und wird dich mit seinem unwiderstehlichen Aroma verzaubern.

Für 4 Portionen:

300 g Sushi Reis

1 Stück Kombu *(etwa 10 x 15 cm)*

300 ml Wasser

2 EL Sushinoko

2 EL Sesam

12 Inari Sushi no Moto *(Tofutaschen)*

1. Schritt

Reis in einen Topf geben und mit kaltem Wasser auffüllen. Reis vorsichtig mit den Händen waschen. Das Wasser langsam fast vollständig abgießen und den Reis im Topf kräftig im restlichen Wasser durchwaschen. Jetzt wieder mit frischem kaltem Wasser auffüllen und kreisend waschen. Das Waschen und Abgießen der Reiskörner drei Mal wiederholen, bis das Wasser klar bleibt. Danach Reis mit Wasser bedeckt für 30 Minuten ruhen lassen.

2. Schritt

Nach der Ruhezeit das Wasser komplett abgießen. Reis im Topf mit frischem Wasser im Verhältnis 1:1 *(bei 300g Reis = 300ml Wasser)* aufgießen. Den Kombu auf den Reis legen. Jetzt den Topf mit Deckel bei mittlerer Hitze zum Kochen bringen. Sobald der Reis aufgekocht ist, die Hitze auf kleinste Stufe stellen und mit geschlossenem Deckel 13 Minuten leicht köcheln lassen. Der Deckel sollte in dieser Zeit nicht geöffnet werden!

Sobald der Reis fertiggekocht ist, die Hitze komplett abstellen und bei geschlossenem Deckel für 10 Minuten quellen lassen. Danach den Deckel öffnen und den Kombu herausnehmen und z. B. für Onigiri verwendet. Den gegarten Reis in eine große Schüssel füllen und mit Sushinoko würzen. Den Reis mit schneidenden Bewegungen des Löffels vermischen, bitte nicht zermatschen. Bis zur Verwendung den Reis auf Körpertemperatur abkühlen lassen.

Wissen:

Zur Herstellung wird Tofu in einem ersten Schritt zu Aburaage verarbeitet, indem er in dünne Scheiben geschnitten und anschließend zuerst bei 120°C und dann ein zweites Mal bei 180°C frittiert wird.

Die hellen und luftig frittierten Tofuscheiben werden dann halbiert und in einem Sud aus Dashi, Zucker, Sojasauce, Mirin und Sake für 20 Minuten leicht geköchelt.

3. Schritt

Die frittierten Inari Sushi no Moto Tofutaschen aus der Verpackung holen und abtropfen lassen. Sushi Reis mit dem Sesam in einer Schüssel vermischen. Dabei nicht den Reis zerdrücken, sondern alles vorsichtig vermengen. Nun jede Tofutasche vorsichtig an der Schnittkante so auseinanderfalten, dass eine echte Tasche entsteht. *Die Taschen reißen schnell ein, sodass hier ein bisschen Fingerspitzengefühl gefragt ist.*

4. Schritt

Dann etwa 2 EL des vorbereiteten Sesam Sushi Reises in eine Tofutasche füllen und ein wenig in die Ecken drücken. Die Tasche sollte in etwa zur Hälfte befüllt sein. Anschließend eine Seite der Schnittkante nach innen klappen und die zweite Seite darüberlegen. Mit der Falte nach unten auf einen Teller legen. Alle Tofutaschen auf diese Weise befüllen. Inari Sushi servieren oder für unterwegs luftdicht verpacken.

Geschmorter Kakuni Schweinebauch

Kakuni, also japanischer geschmorter Schweinebauch, wird ganz langsam und schonend gemeinsam mit aromatischem Gemüse sowie Dashi und Sojasauce gekocht. Das zarte Ergebnis zergeht buchstäblich auf der Zunge und schmeckt als Topping für Ramen oder als Beilage zu Reisgerichten einfach köstlich!

Für 2 Portionen:

500 g Schweinebauch

30 g Ingwer *(frisch)*

4 Frühlingszwiebeln

2 L Wasser

1 l Dashi Brühe

4 EL Sojasauce

4 EL Mirin

4 EL Sake

4 EL Zucker

1. Schritt

Schweinebauch in 5 cm große Würfel schneiden. Frühlingszwiebeln waschen, trockentupfen und in größere Stücke schneiden. Dann den Ingwer schälen und ebenfalls in grobe Stücke schneiden.

2. Schritt

Eine große, flache Pfanne bei mittlerer bis starker Hitze erwärmen und den Schweinebauch mit der Fettseite nach unten hineinlegen. Das Fleisch von allen Seiten goldbraun anbraten. *Dieser Schritt reduziert das Fett des Fleisches und schützt das Fleisch später vor dem Auseinanderfallen.* Wenn das Fleisch schön gebräunt ist, aus der Pfanne auf ein Küchenkrepp legen und das überschüssige Fett abtupfen.

3. Schritt

Den gebratenen Schweinebauch, die Frühlingszwiebeln und die Hälfte des Ingwers in einen großen Topf geben und mit Wasser auffüllen. Den Deckel draufsetzen und den Sud aufkochen lassen. Dann den Deckel abnehmen, die Hitze auf kleinste Stufe einstellen und das Fleisch für 2 Stunden ohne Deckel leicht köcheln lassen. Gelegentlich mit Bedacht umrühren. Sobald das Wasser zu stark reduziert ist, mehr lauwarmes Wasser hinzufügen, damit das Schweinefleisch stets mit kochendem Wasser bedeckt ist.

4. Schritt

Nach Ablauf der Kochzeit das Fleisch mit einer Zange vorsichtig aus dem Sud heben, denn der Schweinebauch ist nun bereits butterzart. Den restlichen Sud durch ein Sieb seihen - dann kann dieser in Form einer Schweinebrühe gerne als Grundlage für eine leckere Nudelsuppe genutzt oder eingefroren werden.

5. Schritt

Den benutzen Topf kurz mit klarem Wasser ausspülen und wieder auf den Herd stellen. Die Fleischwürfel zurück in den Topf legen und mit der Dashi Brühe übergießen. Außerdem die zweite Hälfte des Ingwers, Sojasauce, Mirin, Sake und Zucker hinzugeben sowie verrühren. Erneut zum Kochen bringen und ohne Deckel für 1 Stunde bei kleinster Hitze köcheln lassen. Das Fleisch immer wieder mit dem Sud übergießen und zaghaft wenden. Sobald das Fleisch einen schönen Glanz annimmt, also nach circa einer Stunde, ist es fertig und kann serviert werden.

Wissen:

Kakuni wird in Japan zu vielerlei Anlässen serviert, es gehört schon fast zur japanischen Alltagsküche. Z. B. ist Kakuni noch ganz heiß direkt aus dem Topf zusammen mit japanischem Klebreis und einem Kleks scharfem Karashi Senf als vollständige Mahlzeit sehr zu empfehlen. Man kann es aber auch in kleineren Portionen als leckere Vorspeise servieren.

Tamago Sando - schnelles Eier Sandwich

Wenn du Lust auf ein schnelles, leckeres und einfaches Rezept hast, dann bist du hier genau richtig! Unser Tamago Sando ist das perfekte Gericht für ein schnelles Frühstück oder Mittagessen, das in nur 20 Minuten zubereitet ist. Klingt lecker, oder? Dann lass uns direkt starten und dieses japanische Sandwich zusammen zubereiten!

Für 2 Portionen:

8 Scheiben weiches Toastbrot *(große Scheiben)*

4 EL gesalzene Butter

4 Eier *(M)*

4 EL Mayonnaise

2 EL Milch

1/2 TL Senf

1/2 TL Salz

etwas Pfeffer

etwas Schnittlauch

1. Schritt

Einen mittelgroßen Kochtopf mit Wasser füllen und zum Kochen bringen. Sobald es kocht, die Eier hineingeben und für 10 Minuten fest kochen. Nach Ende der Kochzeit die Eier in eiskaltem Wasser abschrecken, um den Kochvorgang zu stoppen. Vollständig abkühlen lassen *(das dauert etwa 5 Minuten)* und anschließend die Eierschalen schälen. Die geschälten Eier in eine Schüssel geben und mit einer Gabel zerdrücken. Versuche am besten, alles in gleich große Stücke zu zerdrücken.

2. Schritt

Salz und etwas frisch gemahlenen Pfeffer hinzufügen. Außerdem die Milch, Senf und Mayonnaise hinzugeben. Den Schnittlauch kurz abspülen, trocken schütteln und mit einer Schere in kleinen Ringen direkt zum Eiersalat schneiden. Alles gut miteinander vermengen. *Tipp: Unbedingt abschmecken und bei Bedarf mehr Salz und Pfeffer hinzugeben.*

3. Schritt

Lege auf eine saubere Arbeitsplatte die Hälfte der Scheiben Toastbrot aus. Bestreiche sie mit der Butter. Gebe dann jeweils esslöffelweise den Eiersalat aufs Brot. Auf jede bestrichene Scheibe Brot eine weitere unbestrichene Toastbrot Scheibe legen und das Sandwich leicht zusammendrücken. Mit etwas beschweren *(z. B. einer Auflaufform)* und für 5 Minuten stehen lassen.

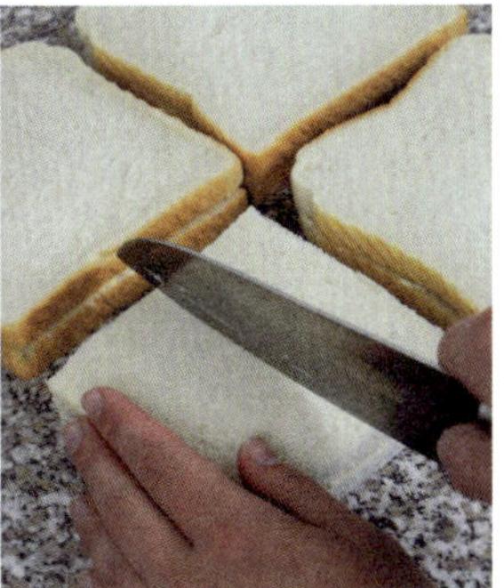

4. Schritt

Dann das Gewicht entfernen und jeweils die Kruste der Sandwiches abschneiden. Schneide jedes Sandwich in zwei Hälften. Jetzt servieren.

Wissen:

Tamago Sando ist bei Japanern sehr beliebt und wird oft als schneller Snack oder als leichtes Frühstück genossen. Aber auch viele trendige Cafés und Restaurants haben das Sandwich auf ihre Speisekarten gesetzt, und sich so zu einem der neuen Food Trends Japans entwickelt.

Hauptspeisen

Tempura - luftig-knusprig Frittiertes

Hier zaubern wir ein knuspriges Vergnügen mit Tempura! Mit diesem Grundrezept gelingt dir diese vielseitige japanische Spezialität mühelos. Bereite die Zutaten vor, mixe den luftigen Teig und backe das Tempura goldbraun aus. Wähle deine liebste Dip Sauce und genieße es mit einer leckeren Reisbeilage.

Für 2 Portionen:

700 g Gemüse, Fisch oder Meeresfrüchte *(z. B. Süßkartoffeln, grüne Bohnen, Pilze, Kürbis oder Aubergine, frischer Lachs oder Garnelen)*

160 g Weizenmehl

30 g Kartoffelstärke

10 g Backpulver

1/2 TL Salz

360 ml Wasser *(mit 10 Eiswürfeln)*

100 ml Sesamöl

400 ml Öl *(z. B. Rapsöl)*

50 ml Tsuyu

1. Schritt

Gemüse und Fisch waschen oder schälen und in mundgerechte Stücke oder in 5mm breite Scheiben schneiden. Bei grünen Bohnen reicht es, die Enden zu entfernen. Pilze können als ganze Köpfe, halbiert oder geviertelt werden. Frische Garnelen kannst du zusätzlich noch etwas einschneiden, damit die Panade besser haftet.

2. Schritt

In einer großen Schüssel das Mehl für Tempura mit dem Wasser mithilfe eines Schneebesens verrühren. Der Teig ist fertig gerührt, sobald dieser Blasen wirft und nur noch wenige Klumpen vorhanden sind - dies sollte nach circa 10 bis 15 Sekunden kräftigem Rühren erreicht sein.

3. Schritt

Einen ausreichend großen Topf *(entsprechend der Größe der zerkleinerten Grundzutaten)* mit Sesamöl und Rapsöl im Verhältnis 1:4 befüllen *(ein Topf mit 16 cm Durchmesser wird zu 3 cm Höhe befüllt - entspricht circa 100 ml Sesam- und 400 ml Rapsöl)*. Das Öl auf 160 bis 180°C erhitzen. Die Temperatur stets mit einem Küchenthermometer kontrollieren.

4. Schritt

Sobald das Öl die richtige Temperatur erreicht hat, die Zutaten einzeln oder in kleinen Mengen *(nicht mehr als die Hälfte der Ölmenge im Topf)* in den Tempurateig tauchen und nacheinander im Öl für circa 3 Minuten frittieren. Die Panade sollte kleine Blasen aufweisen und eine goldbraune Oberfläche besitzen. Die fertigen Tempura vorsichtig aus dem Öl heben und auf einem Teller mit Küchenpapier abtropfen.

5. Schritt

Direkt noch heiß servieren. Dazu die Tsuyu Sauce ggf. verdünnen und in separaten Schüsseln reichen.

Tipp:

Wenn du eine große Menge Tempura frittieren möchtest, empfehle ich dir, dass du lieber mehrere kleine Teigportionen herstellst und dann jeweils ganz frisch verwendest.

Herzhafte Okonomiyaki Pfannkuchen

Entdecke die kulinarische Vielfalt Japans mit leckeren Osaka Style Okonomiyaki - einem herzhaften Pfannkuchen, der dich mit seinen unterschiedlichen Texturen und Aromen begeistern wird. Vom Vorbereiten der Zutaten bis zur Verwendung von köstlicher Sauce und Mayonnaise - das Rezept ist einfach und leicht zu folgen. Toppe den Pfannkuchen mit Bonitoflocken, feinem Aonori und einer Prise Ingwer und genieße einen unvergleichlichen Geschmack, der dich in die Straßen Japans entführt.

Für 2 Portionen:

300g Weißkohl *(alternativ China- oder Spitzkohl)*

100g Frühlingszwiebeln, *(alternativ Surimi, Mais oder Bacon)*

100 g Okonomiyakiko *(Mehl für Okonomiyaki)*

100 ml Wasser

1 Ei *(M)*

8 EL Öl *(z. B. Rapsöl)*

8 EL Okonomi Sauce *(Sauce für Okonomiyaki)*

4 EL Mayonnaise

1 EL Aonori

8 EL Katsuobushi

2 TL Beni Shoga

1. Schritt

Als erstes die Kohlblätter vom Kohlkopf lösen und mit einem großen Messer in kleine Stücke schneiden *(circa 5 x 5mm groß)*. Am besten dazu die Kohlblätter übereinanderlegen und einmal in der Mitte zerteilen. Die Hälften wieder übereinanderlegen und dann der Länge nach in Streifen schneiden. Die Streifen um 90° drehen und in kleine Stückchen hacken.

2. Schritt

Frühlingszwiebeln *(oder andere Zutat nach Wahl)* waschen, trocken tupfen und in feine Ringe schneiden.

3. Schritt

In einer großen Schüssel das Mehl für Okonomiyaki mit dem Wasser mithilfe eines Schneebesens verrühren. Das Ei in den Teig schlagen und mit dem Schneebesen kräftig unterrühren, bis ein glatter Teig entsteht. Den geschnittenen Kohl und zum Beispiel die Frühlingszwiebelringe mit dem Teig verrühren.

4. Schritt

Eine Pfanne mit 4 EL Öl bei mittlerer Hitze erhitzen. Sobald die Pfanne heiß ist, die Hälfte des Teigs hineingeben, mit einem Pfannenwender etwas rund sowie flach formen und für 4 Minuten braten, dann wenden. Den Teig in der Pfanne wenden und weitere 4 Minuten mit Deckel braten *(ggf. weiteres Öl in die Pfanne geben)*.

5. Schritt

Noch einmal wenden und 1 Minuten offen braten. In dieser letzten Minuten den Teig mit Okonomi Sauce bestreichen. Anschließend auf einen Teller legen und mit Mayonnaise im Zickzack verzieren. Als Topping etwas Aonori, Katsuobushi und Ingwer nach Belieben verteilen. Nun auch die zweite Portion zubereiten und Okonomiyaki heiß servieren

Tipp:

Dieses Rezept lässt sich ganz einfach auf kleinere Portionen für Mini-Okonomiyaki umstellen. Diese niedlichen kleinen Leckerbissen passen perfekt in jedes Menü und sind ein echter Hingucker auf dem Teller. So kann man eine Vielzahl von Gerichten genießen, ohne auf die geliebten Okonomiyaki verzichten zu müssen!

Frittiertes Hähnchen Karaage

Karaage ist herzhaft mariniertes und knusprig frittiertes Hähnchen nach japanischer Art. Dieses Gericht ist ein echter Klassiker in jedem Izakaya und bietet aber auch eine perfekte Ergänzung zu einer leckeren Bento Box! Sie sind absolut lecker - ob heiß oder kalt ist Karaage ideal für Partys und andere Feierlichkeiten unter Familie und Freunden.

Für 2 Portionen:

450 g Hähnchenbrust *(oder ausgelöste Hähnchenschenkel)*

1 große Knoblauchzehe

Salz & Pfeffer

50 ml Sojasauce

50 ml Mirin

75 g Weizenmehl

75 g Kartoffelstärke

500 ml Öl *(z. B. Rapsöl)*

Für den Dip:

200 g Mayonnaise

1 kleine Zwiebel

1 TL Reisessig

1 TL Zucker

1/4 TL Pfeffer

1 TL Sesam

1. Schritt

Die Hähnchenbrust unter fließendem Wasser abwaschen und mit einem Küchenpapier gründlich abtupfen. Dann in kleinere, mundgerechte Stücke *(3 bis 4 cm große Würfel)* schneiden. Die Hähnchenfleischwürfel in einen verschließbaren Behälter legen und mit Salz sowie Pfeffer würzen.

2. Schritt

Den Knoblauch mit dem Messerrücken leicht andrücken, anschließend die Haut entfernen und direkt in den Behälter mit dem Hähnchen fein reiben *(z. B. mit einer feinen Küchenreibe)*. Außerdem Sojasauce und Mirin hinzufügen. Alles miteinander verrühren, den Behälter schließen und das Hähnchen für 1 Stunde im Kühlschrank marinieren.

3. Schritt

In der Zwischenzeit für den Dip die Mayonnaise, klein gehackte Zwiebeln, Reisessig, Zucker, Pfeffer und Sesam in einer Schüssel mischen und bis zum Servieren ebenfalls in den Kühlschrank stellen.

4. Schritt

Nach der Marinierzeit in einer Schüssel das Weizenmehl mit der Kartoffelstärke vermischen. Das Hähnchen aus dem Kühlschrank nehmen und die einzelnen Teile leicht abgetropft in die Mehlmischung legen. Mit den Händen das Hähnchen gut mit dem Mehl vermischen, sodass jedes Stück von der Panade ummantelt ist.

5. Schritt

In einem tieferen Topf das Öl auf 175°C erhitzen. Sobald das Öl die richtige Temperatur erreicht hat jeweils 6 Hähnchenstücke vorsichtig in den Topf gleiten lassen und für 4 Minuten frittieren *(ggf. währenddessen etwas wenden, damit alle Seite schön braun werden)*. Dann vorsichtig aus dem Öl heben und auf ein bereitgelegtes Küchenpapier zum Abtropfen legen. Das Frittieren solange wiederholen, bis das Hähnchen aufgebraucht ist. Das fertige Karaage zusammen mit dem Mayonnaise Dip heiß servieren.

Tipp:

Das Öl während des Frittierens mit einem Küchenthermometer kontrollieren, da das Öl stets zwischen 160 bis 180°C heiß sein sollte für ein perfektes Ergebnis.

Yakitori Hähnchenspieße aus der Pfanne

Entdecke die faszinierende Welt der japanischen Küche mit diesem besonderen Yakitori Rezept. Hier wird eine hausgemachte Yakitori Sauce nach Teriyaki Art verwendet. Die Spieße werden nicht gegrillt, sondern in der Pfanne gebraten, was schnell und einfach ist. Genieße den intensiven, süß-salzigen Geschmack der Sauce und erlebe eine neue Art, Yakitori zuzubereiten.

Für 4 Portionen:

500 g Hähnchen *(am besten ausgelöste Schenkel oder Innenbrustfilets)*

1 Bund Frühlingszwiebeln

5 EL Öl *(z. B. Rapsöl)*

12 Bambusspieße

Für die Yakitori Sauce:

120 ml Sojasauce

120 ml Mirin

60 ml Sake

60 ml Wasser

2 EL Zucker

1. Schritt

Zu Beginn kümmern wir uns um die Yakitori Sauce: Dazu Sojasauce, Mirin, Sake, Zucker und Wasser in einem kleinen Topf mischen. Bei starker Hitze zum Kochen bringen. Nach dem Aufkochen die Hitze auf niedrige Stufe reduzieren und zugedeckt köcheln lassen, bis die Flüssigkeit auf etwa ein Drittel des ursprünglichen Volumens reduziert ist. Das dauert etwa 30 Minuten. Dann in ein hohes, schmales Gefäß umfüllen und vor der Verwendung auf Zimmertemperatur abkühlen lassen. *Tipp: Du kannst die Sauce auch im Voraus zubereiten. Gebe die Sauce dafür in ein sauberes Einmachglas. Im Kühlschrank bis zu 3 Monate aufbewahren.*

2. Schritt

Weiche nun 12 Bambusspieße 30 Minuten lang in Wasser ein, damit sie später in der Pfanne nicht anbrennen. Außerdem die Frühlingszwiebeln unter fließendem Wasser waschen, abtropfen lassen und in 3 cm breite Stücke schneiden, die Wurzelende entfernen.

3. Schritt

Die Sauce sollte nun kühl sein und die Bambusspieße gründlich eingeweicht. Das Hähnchenfleisch unter fließendem Wasser waschen und mit einem Küchenkrepp trocken tupfen. *Hinweis: Je nachdem, für welches Fleisch du dich entscheidest, dieses ggf. in mundgerechte Stücke schneiden, sodass alles etwa die gleiche Größe hat.*

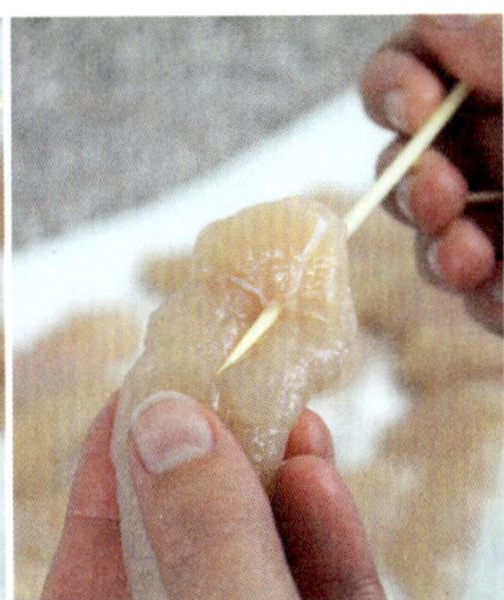

Als nächstes auf einen Spieß ein Stück vom Hähnchenfleisch stecken. Dazu das Fleisch etwas falten und den Spieß jeweils in der Mitte durchstechen.

4. Schritt

Als nächstes füge ein Stück Frühlingszwiebel senkrecht zum Spieß hinzu. Fahre damit fort, abwechselnd Hähnchenscheiben und Frühlingszwiebelstücke aufzuspießen und mit einem Hähnchenstück zu enden. Auf jeden Spieß passen etwa 3 Hähnchenscheiben und 2 Frühlingszwiebelstücke.

Solange fortfahren, bis all das Hähnchen und die Frühlingszwiebeln aufgebraucht sind. *Hinweis: Die Anzahl der fertigen Spieße hängt auch von der Größe der Fleischstücke ab.*

5. Schritt

Nun das Öl in einer Pfanne, wo die Spieße der Länge nach hineinpassen, bei hoher Hitze erwärmen. Alle Spieße in die Sauce tauchen und in Öl von allen Seiten anbraten - die Hitze etwas niedriger regulieren. Zwischendurch gerne mit einem Pinsel noch mehr Sauce auf die Spieße streichen, damit die Sauce karamellisiert. Dann aus der Pfanne heben.

6. Schritt

Die leckeren Yakitori Spieße sind nun fertig. Zum Servieren am besten auf einem kleinen Teller anrichten, mit etwas übriggebliebener Sauce überziehen, dann nach Belieben mit Frühlingszwiebelringen und etwas geröstetem Sesam garnieren.

Wissen:

Es ist unvorstellbar, was alles auf einem Spieß gegrillt werden kann! Angefangen von Hähnchenbrust, Filet, Knorpel über Schenkel und bis zu den Flügeln. Natürlich können z. B. auch Rind- und Schweinefleisch verarbeitet werden. Hinzu kommen noch die unzähligen vegetarischen Varianten wie Paprika, Pilze und Tomaten.

Harmonie der Sinne

- Musikalische Begleitung für ein authentisches japanisches Menü -

Musik spielt in der japanischen Kultur eine zentrale Rolle. Sie wird genutzt, um Emotionen auszudrücken, Geschichten zu erzählen und Verbundenheit zur Natur und Tradition zu betonen. Bei der Gestaltung eines japanischen Abendessens sollte Musik nicht als nebensächlich betrachtet werden. Ganz im Gegenteil, sie sollte sorgfältig ausgewählt werden, um die kulinarischen Aromen zu begleiten und zu verstärken und die feinsinnige Schönheit des Augenblicks hervorzuheben.

Die musikalische Begleitung kann Ruhe und Entspannung fördern und Gespräche anregen.

Wenn du dich auf den Weg machst, die perfekte Musik für dein japanisches Abendessen auszuwählen, denke daran, dass es nicht nur darum geht, welche Musik du magst, sondern auch, welche Art von Stimmung du erzeugen möchtest. Hier sind einige Musikrichtungen und Künstler, die du in Betracht ziehen könntest, um dein japanisches Abendessen zu einem unvergesslichen Erlebnis zu machen:

Traditionelle japanische Musik (Hogaku) ist eng mit der Kultur und Geschichte Japans verbunden und bietet eine beruhigende und entspannende Atmosphäre. Instrumente wie Koto Zithern, Shakuhachi eine Bambusflöten und Shamisen dominieren diese Musikrichtung. Künstler wie Yoshida Brothers und Ayako Hotta-Lister sind in diesem Genre herausragend und bieten eine angenehme Hintergrundmusik für ein ruhiges und entspannendes Abendessen.

Genieße die feinen Klänge der **japanischen klassischen Musik**. Künstler wie Toru Takemitsu, der für seine Fähigkeit bekannt ist, traditionelle japanische Musik und westliche klassische Musik zu vermischen, könnten eine ausgezeichnete Wahl sein.

Für einen etwas moderneren Ansatz könnte **japanischer Jazz** interessant sein. Künstler wie Hiromi Uehara, Ryo Fukui und Toshiko Akiyoshi liefern eine reiche Mischung aus melodischen und rhythmischen Klängen, die den kulinarischen Genuss untermalen.

Für **Anime-Fans** ist die Musik von Joe Hisaishi ein Muss. Bekannt für seine Filmmusik für Studio Ghibli, darunter Filme wie Chihiros Reise ins Zauberland, Mein Nachbar Totoro und Prinzessin Mononoke, bietet seine Musik eine Mischung aus zauberhaften Melodien und orchestraler Brillanz.

J-Pop und J-Rock: Wenn du und deine Gäste Fans von moderner japanischer Pop- und Rockmusik sind, könnten Bands und Künstler wie Hikaru Utada, Arashi oder Radwimps (bekannt für den Soundtrack des Animes "Your Name") eine spannende musikalische Untermalung bieten.

Unabhängig von der Wahl der Musik ist es wichtig, dass die Lautstärke angemessen ist. Die Musik sollte das leckere Essen und die angeregte Konversation ergänzen und nicht dominieren. Erstelle im Voraus eine Wiedergabeliste, damit du dich während des Essens nicht um die Musik kümmern musst.

Tonkatsu Schnitzel mit Panko-Panade

Tonkatsu ist viel mehr als ein simples Schweinekotelett: Jeder Bissen ist außen perfekt knusprig und innen saftig mit dem zusätzlichen Geschmack der süß-würzigen Tonkatsu Sauce. Tonkatsu ist die ideale Ergänzung zu frisch gekochtem Reis, einem fixen Krautsalat plus Miso Suppe. Dieser japanische Küchenklassiker ist eine der einfachsten Mahlzeiten Japans.

Für 2 Portionen:

2 Schweinekoteletts *(mit oder ohne Knochen)*

Salz & Pfeffer

50 ml Sahne

1 Ei *(M)*

50 g Weizenmehl

100 g Panko

1/2 EL Zucker

reichlich Öl *(z. B. Rapsöl)*

Tonkatsu Sauce *(Sauce für japanische Schnitzel)*

1. Schritt

Die Schweinekoteletts ggf. jeweils vom Knochen schneiden. *Tipp: der Knochen kann möglicherweise für eine Brühe für Ramen weiterverwendet werden.* Dann etwas Frischhaltefolie über die Koteletts legen und mit einem Nudelholz oder Fleischklopfer flachklopfen, um das Fleisch zart zu machen. Die Koteletts sollten etwa 2 cm dick sein. Die Koteletts danach mit Salz und Pfeffer von beiden würzen und einreiben.

2. Schritt

Danach bauen wir eine Panierstation mit 3 Behältern auf: Dazu in einer kleinen Schüssel das Ei mit der Sahne verquirlen. Außerdem benötigen wir ein Gefäß mit Mehl und ein weiteres, flaches Gefäß mit dem Panko.

3. Schritt

Das Schweinefleisch von beiden Seiten im Mehl wenden. Dann von beiden Seiten in die Eier-Sahne-Masse tauchen. Als nächstes in das Panko legen und ringsum damit panieren. *Tipp: Am besten das Kotelett mit der flachen Hand etwas in das Panko nach unten drücken, damit die Panade gut am Fleisch haftet.*

4. Schritt

Reichlich Öl in eine Pfanne geben, sodass die Koteletts darin schwimmen *(alternativ kannst du sehr gerne auch eine Fritteuse verwenden! Dann wird die Panade gleichmäßig braun und das Fleisch noch saftiger).* Das Öl auf 170°C erhitzen und die panierten Schweinekoteletts darin jeweils 4 Minuten von beiden Seiten braten.

5. Schritt

Die gebratenen Tonkatsu Koteletts auf ein Küchenpapier zum Abtropfen legen und danach mit einem großen, scharfen Messer in etwa 2 cm breite Streifen schneiden. Beim Schneiden gerne das Fleisch ruckartig durchtrennen, damit die Panade nicht zerkrümelt. Das Tonkatsu auf einem Teller zusammen mit Krautsalat und etwas Zitrone anrichten.

Wissen:

Anstatt von Semmelbrösel, wird für Tonkatsu japanisches Panko verwendet, das aus weichem Weißbrot ohne Kruste hergestellt wird. Panko Flocken sind größer als herkömmliche Semmelbrösel und nehmen beim Frittieren weniger Öl auf. Dies führt zu einer luftigen, knusprigen Beschichtung.

Gemischtes Teppanyaki

Hier ist die ultimative Anleitung, wie du ein echtes japanisches Teppanyaki Menü zu Hause zubereitest. Auf dem heißen Tischgrill werden frisches Gemüse, Pilze und saftiges Fleisch wunderbar aromatisch gebraten. Die Zubereitung eines Teppanyaki Menüs ist eine tolle Gelegenheit, um die Familie oder Freunde zusammenzubringen: Man kocht, isst, trinkt und verbringt einfach eine gute Zeit gemeinsam.

Für 2 Portionen:

200 g Pilze *(z. B. Shiitake, Austernpilze, Kräuterseitlinge, Enoki Pilze)*

200 g Gemüse *(je nach Saison z. B. Hokkaido Kürbis, Zuckerschoten)*

400 g Rindfleisch *(entspricht 2 Entrecôte Steaks)*

2 EL Öl *(z. B. Rapsöl)*

200 ml Teppanyaki Grillsauce *(Seite 10)*

1. Schritt

Bei den Pilzen jeweils die Stiele und Wurzeln entfernen und den Schmutz etwas abputzen. Die Enoki etwas vereinzeln, die Kräuterseitlinge mit einem Messer in Scheiben schneiden. Den Kürbis unter fließendem Wasser waschen und mit einem großen scharfen Messer den Stiel entfernen. Danach den Kürbis halbieren. Mit einem Esslöffel die Kürbiskerne inklusive des faserigen Fleisches entfernen. Die Kürbishälften jeweils in feine Streifen schneiden. Die Zuckerschoten unter fließendem Wasser waschen und mit einem Tuch gründlich trocknen. Das Entrecôte mit einem Küchentuch trocken tupfen und bereitlegen.

2. Schritt

Jetzt den Tischgrill anschalten und auf mittlere bis hohe Stufe stellen - je nach Modell muss die Temperatur individuell ausgewählt werden. Für Gemüse ist eine mittlere Stufe zu empfehlen, Fleisch gare ich zumeist bei höchster Stufe. Etwas Öl auf eine Hälfte des Tischgrills für die Pilze und das Gemüse geben und mit einem feuerfesten Pinsel verteilen. Die andere Hälfte des Grills ohne Öl verwenden, dort wird das Fleisch im eigenen Fett gebraten.

3. Schritt

Sobald der Tischgrill aufgeheizt ist, Gemüse und Pilze mit etwas Abstand zueinander auf die eingeölte Seite des Grills legen *(eventuell in mehreren Durchläufen arbeiten)*. Wenn die Pilze und das Gemüse nach 3 bis 4 Minuten *(je nach Grillmodell)* eine schöne Farbe bekommen haben, wenden und den Grill auf höchste Stufe einstellen. Nun das Entrecôte auf die nicht eingeölte Seite des Grills legen und knusprig-braun braten. Das dauert ungefähr 4 bis 5 Minuten *(je nach Geschmack und Grillmodell kürzer oder länger braten)*. Hat das Fleisch eine schöne Bräunung erreicht, wenden.

4. Schritt

Jetzt das Gemüse vom Grill nehmen und zusammen mit der Teppanyaki Grillsauce servieren. Sobald das Fleisch nach einigen Minuten den gewünschten Garzustand erreicht hat, vom Grill nehmen und in Streifen schneiden. Das Entrecôte kann nun ebenfalls serviert und ggf. mit etwas Pfeffer gewürzt werden.

Wissen:

Der Tischgrill wird üblicherweise in der Tischmitte platziert. Rundherum erhält jeder Gast einen Teller für das Grillgut, eine Schüssel mit frisch gekochtem Reis und ein Schälchen mit der Grillsauce. Hinzu kommen Essstäbchen und natürlich ein Getränk nach Wahl.

Lachs in Teriyaki Sauce & Sesam

Für 2 Portionen:

- 350 g Lachsfilet *(mit Haut)*
- 1/4 TL Pfeffer
- 1/4 TL Salz
- 4 EL Weizenmehl
- 3 EL Öl *(z. B. Rapsöl)*
- 1 EL Butter
- 3 EL Sake
- 200 ml Teriyaki Sauce *(Seite 12)*
- etwas Sesam

Lass dich von diesem unwiderstehlichen Rezept für Lachs in Teriyaki Sauce überzeugen. Zarte Lachsfilets harmonieren perfekt mit einer süß-herzhaften Sauce und lassen deine Geschmacksknospen tanzen. Bring dieses authentische Gericht auf den Tisch und beeindrucke deine Gäste!

1. Schritt

Das Lachsfilet unter fließendem Wasser abwaschen und mit einem Küchenpapier gründlich abtupfen. Anschließend *(wenn der Fisch nicht vorgeschnitten ist)* in möglichst gleich große Filets zerteilen und mit Salz und Pfeffer von allen Seiten würzen und leicht einreiben.

2. Schritt

Das Mehl gleichmäßig über die Fischfilets verteilen und ebenfalls an allen Seiten vorsichtig einreiben, damit der Lachs eine knusprige Kruste beim Braten erhält.

3. Schritt

Eine große Pfanne bei mittlerer Hitze erwärmen und Öl plus Butter hineingeben und schmelzen lassen. Die Lachsfilets mit der Hautseite nach unten in die Pfanne legen und circa 3 Minuten knusprig anbraten. Dann vorsichtig wenden. Nun über den Lachs den Sake gießen und den Fisch bei geschlossenem Deckel 2 Minuten dünsten lassen. Die gebratenen Lachsfilets aus der Pfanne nehmen und auf einen Teller beiseitestellen.

4. Schritt

Die Hitzezufuhr der Pfanne auf kleine Stufe einstellen. Dann die vorbereitete Teriyaki Sauce in die Pfanne geben und aufkochen lassen. In die heiße Teriyaki Sauce die bereits gebratenen Lachsfilets legen. Mit einem Löffel die etwas eingedickte Sauce immer wieder über den Fisch laufen lassen. Für circa 3 Minuten auf diese Weise marinieren lassen. Die fertigen Teriyaki Lachsfilets auf einem Teller anrichten, mit der restlichen Teriyaki Sauce aus der Pfanne übergießen und mit etwas geröstetem Sesam garnieren.

Reis & Nudeln

Gyudon mit Rindfleisch & süßen Zwiebeln

Gyudon ist schlichtweg das perfekte Donburi aus Japan! Feines Rindfleisch, gekocht in einer köstlichen Dashi Sauce mit gekochten Zwiebeln, serviert auf einem Bett aus lockerem japanischem weißem Reis. So viel Genuss in einer einzigen Schüssel...

Für 2 Portionen:

2 Portionen Reis *(fertig gekocht; Seite 14)*

200 g fein geschnittenes Rindfleisch *(im Asienladen Tiefkühlware "Sliced Beef for Hot Pot")*

2 Eier, weich gekocht *(bei M Eier etwa 7-8 Minuten)*

1 Zwiebel

1 Frühlingszwiebel

2 EL Öl *(z. B. Rapsöl)*

200 ml Dashi Brühe

3 EL Sojasauce

2 EL Sake

2 EL Mirin

1 EL Zucker

Beni Shoga

Shichimi Togarashi

1. Schritt

Das fein geschnittene, aufgerollte Rindfleisch nicht auftauen lassen, sondern noch gefroren mit einem Messer jeweils dritteln, sodass etwa 4 cm breite Streifen entstehen. Nun die Zwiebel schälen, dann halbieren und jede Hälfte in dünne Streifen schneiden. Außerdem die Frühlingszwiebel waschen, trockentupfen und in feine Ringe schneiden.

2. Schritt

Für die Sauce Dashi Brühe mit Sojasauce, Sake, Mirin und Zucker in einer Schüssel vermischen, sodass sich der Zucker auflöst.

3. Schritt

In einer mittleren Pfanne *(bitte beachte: später benötigen wir außerdem einen Deckel zur Pfanne)* das Öl erhitzen und die Zwiebelstreifen in der heißen Pfanne kurz anrösten, dann mit der vorbereiteten Sauce übergießen. Alles solange köcheln, bis die Zwiebel schön weich ist.

4. Schritt

Das Rindfleisch zu den Zwiebeln in die Pfanne geben, einmal gut mit der Sauce verrühren. Dann den Deckel auf die Pfanne setzen und alles für 5 bis 10 Minuten *(je nachdem, wie dick das Fleisch geschnitten ist)* köcheln, sodass das Fleisch nicht mehr rosa ist.

5. Schritt

Die Hitze abstellen und die Frühlingszwiebelringe unter das Fleisch rühren. Den Reis in Schüsseln füllen und den Pfanneninhalt als Topping oben drauf geben. Garniere alles mit Beni Shoga und etwas Shichimi Togarashi.

Tipp:

Du kannst auch frisches Rumpsteak oder Entrecôte nehmen. Einfach das Fleisch in Frischhaltefolie wickeln und für 45 Minuten in den Tiefkühler legen. Danach auspacken und in dünne Scheiben schneiden. Es muss nicht perfekt sein, da das Fleisch beim Kochen sowieso etwas „schrumpft".

Oyakodon mit Hähnchen, Zwiebeln & Ei

Ein Oyakodon ist genau die richtige Wahl, wenn du ein schnelles und zugleich geschmacksintensives Reisgericht zubereiten möchtest. Für diese typisch japanische Rice Bowl benötigst du nur wenige Zutaten und alles wird in nur einer Pfanne gekocht - ideal! Das Hähnchenfleisch bleibt super weich und saftig und die leckere Brühe verbindet das Topping perfekt mit dem frisch gegarten Reis. Ein Muss für deine japanische Alltagsküche!

Für 2 Portionen:

2 Portionen Reis *(fertig gekocht; Seite 14)*

200 g Hähnchenfleisch *(z. B. Innenfilet oder Brustfilet)*

2 EL Sake

2 Eier *(M)*

1 Zwiebel

2 Frühlingszwiebeln

50 g Kartoffelstärke

2 EL Öl *(z. B. Rapsöl)*

150 ml Dashi Brühe

4 EL Sojasauce

2 EL Mirin

1 EL Zucker

Shichimi Togarashi

1. Schritt

Die Hähnchenfilets unter fließendem Wasser waschen, trockentupfen und in mundgerechte Stücke schneiden. Das Hähnchenfleisch in eine Schüssel geben und mit Sake übergießen, umrühren, für 10 Minuten zur Seite stellen und ziehen lassen. Für die Sauce Dashi mit Sojasauce, Mirin und Zucker in einer weiteren Schüssel vermischen, sodass der Zucker sich auflöst.

2. Schritt

Die Zwiebel schälen, dann halbieren und jede Hälfte in dünne Streifen schneiden. Außerdem die Frühlingszwiebel waschen, trockentupfen und in feine Ringe schneiden. Die Eier in eine Schüssel aufschlagen und ganz kurz mit einer Gabel verquirlen. Dann etwa die Hälfte der Frühlingszwiebelringe hinzugeben und verrühren.

3. Schritt

Das Hähnchenfleisch durch ein Sieb abtropfen lassen und zurück in die Schüssel geben. Dann mit der Kartoffelstärke bestreuen und unterheben.

4. Schritt

In einer mittleren Pfanne *(später benötigen wir außerdem einen Deckel zur Pfanne)* das Öl erhitzen und die Hähnchenteile darin von allen Seiten scharf braten, sodass sie leicht gebräunt sind. Das dauert etwa 3 bis 4 Minuten. Danach aus der Pfanne heben *(Hitze NICHT abstellen)* und auf einem Teller ruhen lassen.

5. Schritt

Die Zwiebelstreifen in der heißen Pfanne kurz anrösten, dann mit der vorbereiteten Sauce übergießen. Alles solange köcheln, bis die Zwiebel schön weich ist. Nun die bereits gebratenen Hähnchenteile zu den Zwiebeln in die Pfanne geben, einmal gut mit der Sauce verrühren. Die Eier-Frühlingszwiebel-Mischung hinzufügen. Gut umrühren, den Deckel der Pfanne schließen und die Hitze abstellen. Solange garen lassen, bis das Ei sichtbar gestockt ist. Falls nötig, noch einmal alles in der Pfanne umrühren zwischendurch, damit das Ei je nach deinen Vorlieben fest wird. Nun Reis in Schüsseln füllen und den Pfanneninhalt als Topping oben drauf geben. Garniere alles mit den restlichen Frühlingszwiebeln und Shichimi Togarashi.

Das Gericht ist auch ideal, um zusammen mit Kindern oder Teenagern zu kochen. Die Zubereitung lässt sich leicht meistern und das Ergebnis schmeckt einfach jedem!

Chirashi Sushi Bowl mit Thunfisch

Erlebe die köstliche Vielfalt von Chirashi Sushi! Diese pikante Sushi Bowl vereint frisches Gemüse und würzig angebratenen Thunfisch zu einem Geschmackserlebnis der besonderen Art. Ob als edles Abendessen oder als ausgewogene Mittagsmahlzeit, Chirashi Sushi ist eine ideale Wahl!

Für 2 Portionen:

300 g Sushi Reis

1 Stück Kombu *(ca. 10 x 15 cm)*

300 ml Wasser

2 EL Sushinoko

200 g Thunfisch *(2 Steaks)*

1 Avocado

1 Möhre

2 Frühlingszwiebeln

3 Cherrytomaten

2 EL Sesam

Salz & Pfeffer

2 EL Öl *(z. B. Rapsöl)*

1 EL Reisessig

1 EL Sojasauce

1. Schritt

Reis in einen Topf geben und mit kaltem Wasser auffüllen. Reis vorsichtig mit den Händen waschen. Das Wasser langsam fast vollständig abgießen und den Reis im Topf kräftig im restlichen Wasser durchwaschen. Jetzt wieder mit frischem kaltem Wasser auffüllen und kreisend waschen. Das Waschen und Abgießen der Reiskörner drei Mal wiederholen, bis das Wasser klar bleibt. Danach Reis mit Wasser bedeckt für 30 Minuten ruhen lassen.

2. Schritt

Nach der Ruhezeit das Wasser komplett abgießen. Reis im Topf mit frischem Wasser im Verhältnis 1:1 *(bei 300g Reis = 300ml Wasser)* aufgießen. Den Kombu auf den Reis legen. Jetzt den Topf mit Deckel bei mittlerer Hitze zum Kochen bringen. Sobald der Reis aufgekocht ist, die Hitze auf kleinste Stufe stellen und mit geschlossenem Deckel 13 Minuten leicht köcheln lassen. Der Deckel sollte in dieser Zeit nicht geöffnet werden!

Sobald der Reis fertiggekocht ist, die Hitze komplett abstellen und bei geschlossenem Deckel für 10 Minuten quellen lassen. Danach den Deckel öffnen und den Kombu herausnehmen. Den gegarten Reis in eine große Schüssel füllen und mit Sushinoko würzen. Den Reis mit schneidenden Bewegungen des Löffels vermischen. Bis zur Verwendung den Reis auf Körpertemperatur abkühlen lassen.

3. Schritt

Cherrytomaten halbieren. Die Frühlingszwiebeln in feine Ringe schneiden. Die Möhre schälen und mit einem Sparschäler in dicke Bänder schneiden. Die Avocado halbieren, den Kern entfernen, die Haut abziehen und jede Hälfte in 3 mm breite Streifen schneiden.

4. Schritt

Die Thunfisch Steaks mit Salz und Pfeffer von beiden Seiten würzen. Zusätzlich etwa 1 EL Sesam über beide Steaks verteilen und mit der flachen Hand leicht andrücken. In einer mittleren Pfanne bei starker Hitze das Öl erwärmen. Thunfisch Steaks darin von beiden Seiten kräftig anbraten. Herausnehmen und in 1 cm breite Streifen schneiden.

5. Schritt

Reis auf Schalen verteilen. Avocado, Möhre, Tomaten, Frühlingszwiebeln und Thunfisch nach Belieben arrangieren. Zum Abschluss mit Reisessig und Sojasauce würzen und mit etwas Sesam garnieren. Noch warm servieren.

Wissen:

Diese Art von Sushi kann beliebig variiert und mit den verschiedensten Zutaten zubereitet werden, also auch exotische Lebensmittel wie Lotuswurzeln, Shiitake Pilze oder gebratener Tofu - es ist alles erlaubt!

10 Minuten Shoyu Ramen

Wellige Ramen Nudeln, serviert in einer reichhaltigen und leckeren Tsuyu Suppe aus Dashi, Sojasauce und Mirin. Dazu gibt es marinierte Ramen Eier und selbstgemachte, eingelegte Bambussprossen. Daraus zaubern wir eine Ramen Nudelsuppe in echter Restaurantqualität! Dieses Ramen Rezept ist gut vorbereitet in 10 Minuten zubereitet - ideal für ein leckeres Abendessen unter der Woche oder als edles Menü!

Für 2 Portionen:

2 Portionen Ramen

100 ml Tsuyu

700 ml Wasser

1 Frühlingszwiebel

Shichimi Togarashi

La-Yu

Für Ramen Eier:

2 Eier *(M)*

2 EL Tsuyu

60 EL Wasser

Für Menma Bambus:

1 Dose Bambusscheiben *(etwa 140 g)*

50 ml Tsuyu

1 EL Zucker

1/2 TL La-Yu

1. Schritt

Am Vortag: Die Eier in einem Topf mit reichlich Wasser für 7 Minuten kochen. Danach in kaltem Wasser vollständig auskühlen lassen. Anschließend vorsichtig pellen. Für die Marinade Tsuyu und Wasser in einem Gefrierbeutel mischen. Die gekochten und geschälten Eier mit in den Beutel legen, gut verschließen und für mindestens 12 Stunden im Kühlschrank marinieren lassen. Am nächsten Tag: Die marinierten Ramen Eier aus dem Kühlschrank holen und vorsichtig mit einem scharfen Messer halbieren, bereitlegen.

2. Schritt

Die Bambusscheiben durch ein Sieb abgießen und kurz mit kaltem Wasser abspülen. Dann alle Scheiben in einen kleinen Topf geben. Tsuyu sowie Zucker hinzufügen und alles zum Kochen bringen. Die Hitze reduzieren und die Bambusscheiben für 5 Minuten leicht köcheln lassen. Danach wird die Flüssigkeit fast vollständig verdampft sein. Hitze abschalten und das Chiliöl hinzufügen. Bis zum Servieren beiseitestellen.

3. Schritt

Nun die Frühlingszwiebel waschen, trockentupfen und in feine Ringe schneiden. Außerdem La-Yu Chiliöl und das Shichimi Togarashi für das Topping in Griffweite halten.

4. Schritt

In einem großen Topf Wasser für die Ramen Nudeln *(pro Portion Nudeln einen Liter Wasser)* zum Kochen bringen. Währenddessen die Nudelbrühe zubereiten: Dazu die Tsuyu Brühe mit dem Wasser in einen Topf füllen und einmal kurz aufkochen lassen. Anschließend den Topf auf kleinster Hitze stehen lassen, damit die Brühe bis zum Servieren nicht erkaltet.

5. Schritt

Zurück zu den Nudeln: In das kochende Wasser die Ramen Nudeln geben und 2 Minuten *(oder je nach Kochanleitung auf der Verpackung)* garen. Danach in ein Sieb abgießen und kurz, aber gründlich mit kaltem Wasser abschrecken. Kommen wir zum Servieren: Die fertigen Ramen Nudeln auf Schüsseln aufteilen und mit Brühe auffüllen. Nun die Beilagen darauf verteilen und mit allen Toppings garnieren.

Wissen:

Es wäre toll, wenn du die marinierten Ramen Eier bereits am Vortag gemacht hast, oder spätestens am gleichen Morgen. Die gekochten Eier werden nämlich in ebenfalls der Tsuyu für einige Stunden mariniert, damit wir den klassisch japanischen Geschmack erhalten. Dann, wenn es ernst wird, müssen die Eier nur noch halbiert werden und sind bereit, um als Topping serviert zu werden.

Tan-Men mit gebratenem Gemüse

Tan-Men ist eine japanische Ramen Nudelsuppe, verfeinert mit kurz angebratenem Schweinebauch und knackigem Gemüse. Als eines der schnellsten Ramen Rezepte ist sie perfekt geeignet, um in kurzer Zeit ein authentisches japanisches Abendessen zu kreieren.

Für 2 Portionen:

2 Portionen Ramen

1 l Hühnerbrühe

100 g Schweinebauch

6 Black Fungus Pilze *(getrocknet)*

4 Blätter Weißkohl *(alternativ China- oder Spitzkohl)*

1 Möhre

1 Handvoll Sojasprossen

3 Frühlingszwiebeln

4 EL Sake

4 EL Sojasauce

1 EL Sesamöl

1. Schritt

In einem Topf 300 ml Wasser zum Kochen bringen. Die getrockneten Black Fungus Pilze hinzufügen und 3 Minuten kochen lassen. Danach in einem Sieb abtropfen lassen und unter fließendem kaltem Leitungswasser abspülen. Die überschüssige Flüssigkeit mit den Händen aus den Pilzen herausdrücken. Die Pilze in dünne Streifen schneiden.

2. Schritt

Die Frühlingszwiebeln waschen, trockentupfen und in 5 cm lange Stücke schneiden. Die weißen Enden in feine Ringe hacken und für die Garnierung separat legen. Die Möhre schälen oder abwaschen, mit einem großen scharfen Messer halbieren und längst in 5 cm lange Stifte schneiden. Die Sojasprossen unter fließendem Wasser abspülen. Den Schweinebauch in 1 cm breite Streifen schneiden. Die Kohlblätter lösen sowie mit einem großen Messer längst und dann quer in quadratische Streifen schneiden.

3. Schritt

In einem großen Topf Wasser für die Ramen Nudeln *(pro Portion Nudeln einen Liter Wasser)* zum Kochen bringen. Währenddessen in einer Pfanne mit höherem Rand *(idealerweise ein Wok)* das Sesamöl bei starker Hitze erwärmen und den Schweinebauch hinzugeben. Sobald der Schweinebauch nicht mehr rosa ist, Sake sowie die Black Fungus Pilze, Frühlingszwiebeln und Möhren hinzufügen und ebenfalls anbraten.

4. Schritt

Den klein geschnittenen Kohl und die Sojasprossen dazugeben und kurz mitbraten. Mit Sojasauce übergießen, die Hitze auf mittlere Stufe stellen und solange garen, bis der Kohl weich wird *(am besten zwischendurch die Pfanne schwenken oder das Gemüse mit einem Pfannenwender bewegen)*. Nicht länger als 5 Minuten braten lassen, dann sollte der Kohl zart werden.

5. Schritt

Sobald der Kohl weich ist, die heiße Hühnerbrühe hinzufügen und alles zum Köcheln bringen. Währenddessen in das kochende Wasser die Ramen Nudeln geben und 2 Minuten *(oder je nach Kochanleitung auf der Verpackung)* garen. Danach in ein Sieb abgießen und kurz, aber gründlich mit kaltem Wasser abschrecken. Ramen Nudeln auf Schüsseln aufteilen und mit der aufgekochten Suppe auffüllen. Nun die grünen Teile der Frühlingszwiebel darauf verteilen.

Wissen:

1955 eröffnete mitten in Yokohama ein kleiner Laden mit nur 9 Sitzplätzen an der Theke - ein Imbiss speziell für Tan-Men Ramen! Heute ist dieses Geschäft mit dem Namen Yokohama Ichishinka nicht mehr wegzudenken und Tan-Men eine echte Institution der chinesischen Küche in Japan.

Chikara Udon mit gerösteten Mochi

Diese abwechslungsreiche, herzhafte Chikara Udon Nudelsuppe mit geröstetem Mochi ist zu jedem Anlass genau das Richtige! Am besten schmeckt dieses Rezept mit festen Udon Nudeln, einer kleinen Auswahl frischer Gemüsebeilagen und natürlich mit knusprig gerösteten Kirimochi, die aus der leichten Nudelsuppe einen echten Sattmacher zaubert.

Für 2 Portionen

2 Portionen Udon
2 Kirimochi
2 große Radieschen
2 Frühlingszwiebeln
50 g Komatsuna Spinat *(alternativ Babyspinat)*
100 ml Tsuyu
500 ml Wasser
Shichimi Togarashi

1. Schritt

Frühlingszwiebeln waschen, trockentupfen und die grünen Teile in feine Ringe schneiden. Die weißen Enden aufbewahren, mit diesen würzen wir gleich die Tsuyu Brühe. Die Radieschen ebenfalls waschen und in dünne Scheiben schneiden. Außerdem den Spinat waschen und abtropfen lassen. Alles bis zum Servieren zur Seite stellen.

2. Schritt

Für die Brühe Tsuyu und das Wasser in einem Topf vermischen, die weißen Teile der Frühlingszwiebeln hinzufügen, den Deckel schließen und bei mittlerer Hitze erwärmen.

3. Schritt

In der Zwischenzeit kommen wir zu den gerösteten Mochi: Dazu die Kirimochi jeweils halbieren. Die Kirimochi in einer Pfanne *(OHNE Öl)* bei mittlerer Hitze solange braten, bis sie von beiden Seiten eine leichte Bräunung angenommen haben *(dies wird etwa 5 Minuten dauern)*. Die Mochi Blöcke immer wieder vorsichtig *(am besten mit einer Zange)* wenden, damit sie im Inneren gleichmäßig weich werden. Haben die Kirimochi eine schöne Farbe angenommen und fühlen sich beim Wenden weich an, dann aus der Pfanne holen und auf einem Teller beiseitelegen.

4. Schritt

Sobald die Tsuyu Brühe heiß ist, die Hitze reduzieren und die Brühe warmhalten. Jetzt können wir den Spinat und die Udon Nudeln kochen: Dazu den Spinat für 30 Sekunden in das kochende Wasser geben, dann mit einem kleinen Sieb herausholen, abtropfen lassen und kurz beiseitestellen. Danach die Udon Nudeln ebenfalls in das selbe kochende Wasser geben und 4 Minuten *(oder je nach Kochanleitung auf der Verpackung)* garen. Danach in ein großes Sieb abgießen und kurz, aber gründlich mit kaltem Wasser abschrecken.

5. Schritt

Udon Nudeln auf Schüsseln aufteilen und mit der warmen Brühe auffüllen. Jeweils mit einem gerösteten Kirimochi garnieren, die Beilagen ringsherum verteilen und mit Shichimi Togarashi bestreuen.

Wissen:

Erzählt wird, dass die Zugabe von Mochi jedem, der das Gericht verspeist, ein wenig zusätzliche Kraft verleiht, was dem Gericht den Namen Chikara einbringt, was „Stärke“ oder „Macht“ bedeutet

Dessert

Dorayaki Pancakes mit Anko

Stell dir einen süßen japanischen Snack vor, der das Herz jedes Leckermäulchens höher schlagen lässt: Dorayaki! Sie sind mehr als nur Pfannkuchen - Dorayaki sind kleine Meisterwerke der japanischen Süßwarenkunst, gefüllt mit einer feinen, süßen Bohnenpaste, bekannt als Anko. Dieses einzigartige Duo verleiht dem Gaumen ein Geschmackserlebnis, das seinesgleichen sucht.

Für 4 Stück:

1 Ei *(M)*

140 ml Milch

1 EL Öl *(z. B. Rapsöl)*

1 TL Honig

140 g Weizenmehl

15 g Stärkemehl

5 g Backpulver

40 g Zucker

200 g Anko

1. Schritt

Das Ei in eine größere Schüssel schlagen und die Milch sowie den Honig mit hinzugießen. Alles mit einem Schneebesen verrühren. Mehl, Stärke und Backpulver in eine zweite Schüssel sieben sowie Zucker hinzugeben, vermischen und zu der Ei-Milch-Mischung fügen. Alles mit dem Schneebesen verrühren, bis ein gleichmäßiger Teig ohne Klümpchen entsteht.

2. Schritt

Das Öl in eine beschichtete Pfanne geben und mit einem Stück Küchenpapier in der Pfanne verwischen, sodass ein ganz leichter Film entsteht.

3. Schritt

Die Pfanne bei mittlerer Temperatur erwärmen und einen Teil des Teigs *(ungefähr 1/8 des Teigs)* mit einer Kelle in die Pfanne geben. *Tipp: Den Teig von weiter oben in die Pfanne fließen lassen, dann wird der Pfannkuchen schon rund.* Den Pfannkuchen 2 Minuten lang, bis auf der Oberfläche viele kleine Blasen entstehen und die Ränder langsam trocken werden, backen. Jetzt vorsichtig und mit wenige Schwung wenden und noch einmal 1 Minute lang backen. Den Pfannkuchen aus der Pfanne nehmen und auf einen Teller oder die saubere Arbeitsplatte legen. Mit einem feuchten Küchentuch abdecken. Solange fortfahren, bis der Teig aufgebracht ist - der Teig aus 200g Mehl reicht für 8 Pfannkuchen.

4. Schritt

Einen der fertigen Pfannkuchen in die flache Hand legen und mit circa 50g Anko in der Mitte bestreichen. Mit einem zweiten Pfannkuchen bedecken und die Ränder leicht zusammendrücken. Mit allen Pfannkuchen so verfahren, bis 4 Dorayaki entstanden sind.

5. Schritt

Eingewickelt in Frischhaltefolie oder in einer luftdichten Aufbewahrungsbox blieben sie länger frisch und sind perfekt für einen Ausflug geeignet. Aber am besten schmecken sie ganz frisch aus der Pfanne.

Anko selber machen:

Für 200 g Anko: Starte mit dem Einweichen von 75 g Adzukibohnen in 500 ml kaltem Wasser, bringe sie zum Kochen und lass sie dann für fünf Minuten sprudeln. Gieße die Bohnen ab, spüle sie ab, und gib sie zurück in den Topf, gefolgt von einem weiteren 500 ml frischem, kaltem Wasser. Lass die Bohnen sanft köcheln, achte darauf, dass genügend Wasser vorhanden ist und prüfe nach etwa 1,5 Stunden, ob sie weich sind. Sobald sie fertig sind, gib 115 g Zucker hinzu und rühre die Mischung etwa 10 bis 15 Minuten auf mittlerer Hitze, bis sie sirupartig und glänzend ist. Lass das Anko anschließend vollständig abkühlen.

Sakura Mochi in Kirschblättern

Ein Rezept zum Verlieben sind diese feinen Süßigkeiten aus Japan, die man rund um Tokyo als Sakura Mochi nach Kanto Art kennt und zur jährlichen Kirschblüte heiß begehrt! Die absolut simple Zubereitung macht diese süße Spezialität zu einem Muss, denn die zarte Adzukibohnenfüllung wird ganz einfach in einen süßen Pfannkuchen aus Klebreismehl gewickelt und mit einem eingelegten Kirschblatt verziert.

Für 10 Stück:

25 g Klebreismehl

85 g Weizenmehl

10 g Zucker

20 ml rote Lebensmittelfarbe *(oder bei konzentrierter Lebensmittelfarbe 1-2 Tropfen in 20 ml Wasser auflösen)*

120 ml Wasser

300 g Anko

10 Stück Sakura no Ha *(in Salz eingelegte Kirschblätter)*

2-3 EL Öl *(z. B. Rapsöl)*

1. Schritt

Kirschblätter flach in ein Gefäß auslegen, mit Wasser vollständig bedecken und zum Entsalzen der Blätter diese für 30 Minuten im Wasser liegen lassen. Klebreismehl durch ein Sieb in eine mittelgroße Schüssel streichen und mit Wasser gründlich vermischen. Das Mehl durch ein Sieb hinzufügen und Zucker zum Mochiteig geben. Alles gründlich mit dem Schneebesen verrühren. Die Lebensmittelfarbe hinzufügen und gleichmäßig verteilen, sodass eine schöne rosa Farbe entsteht. Den Teig durch ein Sieb in eine zweite Schüssel umfüllen, sodass keine Klümpchen mehr vorhanden sind. Den Teig mit einem Tuch abdecken und für 20 Minuten ruhen lassen.

2. Schritt

Anko zu jeweils 30 g zwischen leicht feuchten Händen zu 10 länglichen Rollen (etwa 7 cm lang) formen und auf einem Teller beiseitestellen.

3. Schritt

Jetzt die Kirschblätter aus dem Wasser nehmen und leicht trocken tupfen. Auch der Mochiteig ist nun fertig. Eine Pfanne mit 1 EL Öl ausstreichen - am besten mithilfe eines Pinsels - und bei mittlerer Hitze erwärmen.

4. Schritt

2 EL des Mochiteigs eng nebeneinander in die Pfanne geben und zu einem breiten Oval von 8 x 10 cm dünn verstreichen. Für etwa 3 Minuten nur von einer Seite *(OHNE WENDEN!)* ausbacken, sodass der flüssige Teig vollständig trocken geworden ist. Dann mit einem Pfannenwender aus der Pfanne heben, auf Backpapier legen und abkühlen lassen. 9 weitere Pfannkuchen auf diese Weise zubereiten und nach der Hälfte die Pfanne noch einmal mit 1 EL Öl ausstreichen.

5. Schritt

Nun einen Mochiteig Pfannkuchen so in die flache Hand legen, dass die gebackene Seite nach oben zeigt. Dann eine Adzukibohnenrolle im oberen Bereich platzieren und mit dem Pfannkuchen nach unten hin aufrollen. Anschließend eins der Kirschblätter einmal um die Rolle wickeln. Mit den Verschlüssen nach unten auf eine Servierplatte legen. 9 weitere Sakura Mochi auf diese Weise zubereiten und schön anrichten.

Tipp:

Ich habe mich für eine Farbe auf Basis von Schwarzkarottensaft entschieden und bin ganz zufrieden. Du kannst aber auch ein Himbeerpüree oder ähnliches verwenden!

Sesam Mochi mit Frischkäse

Dieses Rezept für selbstgemachte Sesam Mochi ist mehr als nur ein japanisches Dessert. Durch den knusprigen Sesam-Mantel und die leichte Frischkäse-Füllung ist diese Spezialität viel eher ein eigenständiges Gericht, z. B. als kleiner verführerischer Imbiss am Nachmittag. Dazu passt übrigens am besten eine Tasse grüner Sencha Tee.

Für 12 Stück:

150 g Klebreismehl

100 g Zucker

180 ml Wasser

2 EL Sesam *(schwarz)*

200 g Frischkäse

50 g Puderzucker

100 g Kartoffelstärke

4 EL Sesam *(gemischt aus 2 EL weißem und 2 EL schwarzem Sesam; für Dekoration)*

1. Schritt

Schwarzen Sesam mit einem Mörser grob zerkleinern. Frischkäse in eine Schüssel geben, Puderzucker durch ein Sieb hineinstreichen, Sesam hinzufügen und mit einer Gabel vermischen. Ein verschließbares Gefäß mit Frischhaltefolie auslegen. Die Frischkäse-Füllung in das Gefäß geben, mit flachdrücken, verschließen und 1 Stunde in den Kühlschrank stellen.

2. Schritt

Danach die Füllung mithilfe der Folie aus dem Gefäß heben und 12 etwa gleich große Stücke jeweils zwischen zwei großen Löffeln zu kleinen Kugeln formen. Alle Kügelchen wieder in das Gefäß legen, den Deckel schließen und bis zur Verwendung noch einmal in den Kühlschrank stellen.

3. Schritt

Das Klebreismehl durch ein Sieb in eine Schüssel streichen, Zucker hinzufügen und mit dem Wasser gründlich vermischen. Immer weiter mit dem Löffel rühren. Der Zucker wird sich langsam auflösen und den Teig nach einiger Zeit wieder verflüssigen. Ist der Teig wie Zuckerguss, ist er fertig.

4. Schritt

In einen großen Topf *(die Schüssel aus dem vorherigen Schritt sollte darin genug Platz haben)* etwa zwei Finger hoch Wasser füllen und einen Dampfgarer hineinstellen *(nur die Füße des Dampfgarer sollten im Wasser stehen)*. Das Wasser zum Kochen bringen. Die Schüssel mit dem Teig in den Dampfgarer stellen, den Deckel mit einem Küchenhandtuch umwickeln, die Handtuchenden nach oben schlagen und den Deckel auf den Topf setzen.

Wissen:

Sesam wird in der japanischen Küche sehr häufig gebraucht, um Speisen zu würzen oder zu verfeinern. Z. B. ist Sesam die wesentliche Zutat für Shichimi Togarashi oder dem japanischen Sesamsalz Gomashio. Obwohl es eher herzhaft verarbeitet wird, kann man Sesam auch in Rezepten für Süßspeisen zum Einsatz bringen.

Die Hitze soweit reduzieren, dass das Wasser unter dem Dampfgarer nur ganz leicht köchelt. Den Teig für 15 Minuten dämpfen.

5. Schritt

Nach der Hälfte der Zeit den Deckel abnehmen, den Teig mit einem leicht feuchten Löffel umrühren und den Deckel inklusive Handtuch wieder auflegen. *Achtung: Verbrennungsgefahr, bitte mit Küchenhandschuhen oder Topflappen arbeiten!* Kurz vor Ende der Garzeit Backpapier auf einem Backblech ausbreiten und großzügig mit Stärkemehl mithilfe eines Siebs bestäuben. Sobald der Teig fertig ist *(es sollte eine weiße, zähe, zusammenhängende, nicht mehr flüssige, aber noch leicht feuchte Teigmasse sein),* aus dem Dampfgarer nehmen. Mit einem Löffel den Teig aus der Schüssel direkt in das Stärkemehl geben. Maximal 5 Minuten abkühlen lassen.

6. Schritt

Teig mit etwas Stärkemehl bestäuben. Erst mit den Händen etwas plätten, dann mit einem Nudelholz quadratisch 5 mm dick ausrollen. Den Teig in 12 etwa gleich große Quadrate teilen. Außerdem die Frischkäse-Kügelchen hervorholen. Jedes Teigstück vorsichtig herauslösen, das überschüssige Stärkemehl z. B. mit einem Backpinsel entfernen und in die Mitte des Teigstücks eine Portion der Frischkäse-Füllung platzieren.

7. Schritt

Jeweils zwei sich gegenüberliegende Teigecken in der Mitte über der Füllung mit den Fingerspitzen fest zusammendrücken, dann die anderen beiden Ecken ebenso zusammenfalten. Die Füllung im Inneren sollte vollständig mit Mochiteig umschlossen sein. *Tipp: Dort, wo sich alle Falten*

Tipp:

Die Palette der Mochi Füllungen in Japan ist vielfältig und reicht von traditionellen bis zu modernen Variationen. Anko, eine süße Paste aus Adzukibohnen, ist eine der bekanntesten traditionellen Füllungen. Im Kontrast dazu steht die modernere Eiscreme Mochi, die Frucht- oder Milcheissorten beinhaltet. Frische Früchte wie Erdbeeren oder Mango bieten weitere Möglichkeiten. Modernere Füllungen umfassen auch gesüßten Frischkäse mit Kokosflocken, Limettensaft oder schwarzem Sesam, sowie Matcha-Creme oder fruchtige Pasten wie Pflaumen- oder Zitronenpaste.

treffen, ist die Unterseite der Mochi - daher ist die Optik nicht entscheidend. Die Hauptsache ist, dass der Mochiteig auf der Oberseite nicht einreißt!

8. Schritt

Jetzt zwei Schüsseln bereitstellen, eine mit dem gemischten Sesam und eine mit etwas kaltem Wasser. Jedes fertige Mochi kurz in das Wasser tauchen, dann in den bunten Sesam legen und sorgfältig ummanteln. Alle weiteren Sesam Mochi auf diese Weise dekorieren und servieren.

Tipp:

Zur Veredelung von Mochi können diverse Dekorationen, darunter Sesam, Kokosflocken, Matcha, Zuckerstreusel oder geröstetes Sojabohnenmehl (Kinako), genutzt werden. Diese Toppings verdecken kleine Formfehler und intensivieren den Geschmack der japanischen Klebreiskuchen.

Mochi Teig in der Pfanne:

Den Mochi Teig aus Klebreismehl, Zucker und Wasser *(oder Fruchtsaft)* in eine beschichtete Pfanne mit hohem Rand geben. Die Pfanne bei kleiner bis mittlerer Hitze langsam erwärmen. Den Teig mit einem Kochlöffel ununterbrochen in der Pfanne verrühren. Die Masse wird langsam dickflüssiger werden und Klümpchen bilden. Alles immer weiter gründlich vermischen, auch das am Boden und den Rändern Festgesetzte stetig lösen und verrühren. Der Mochi Teig wird sich nach etwa 5 Minuten zu einer zusammenhängenden Kugel formen. Dann noch weitere 5 Minuten den Teig in der Pfanne drehen und wenden. Das ist mit der Zeit recht anstrengend, aber immer weiter rühren und bewegen. Wenn der Teig durchscheinend wirkt und schön glänzt, ist er fertig und kann dann je nach Rezept weiterverarbeitet werden.

Mochi Teig in der Mikrowelle:

Die Schüssel mit dem Teig mit einer speziellen Mikrowellen-Klarsichtfolie abdecken, aber an den Rändern nicht zu fest befestigen, damit die beim Garen entstehende Luft entweichen kann. Den Teig in die Mikrowelle stellen und für 90 Sekunden bei 1000 Watt erwärmen. *Tipp: Je weniger Leistung, also Watt deine Mikrowelle hat, desto länger den Teig jeweils darin garen lassen!* Die Schüssel herausnehmen und die Masse mit einem angefeuchteten Gummispachtel oder Kochlöffel umrühren. Wieder abdecken und für weitere 90 Sekunden in der Mikrowelle erhitzen. Herausnehmen, umrühren, noch mal abdecken und für weitere 60 Sekunden erhitzen. Der Mochi Teig kann jetzt je nach Rezept weiterverarbeitet werden.

Saftige Mochi Brownies

Für 4 Portionen:

200 g Klebreismehl

200 g Zucker

30 g Kakao

2 EL Vanillezucker

1 EL Backpulver

250 ml Milch

100 g Butter

2 Eier *(M)*

100 g Chocolate Chunks *(Zartbitter)*

Das allerbeste Brownies Rezept der Welt kommt aus Japan! Dieser saftige Schokoladenkuchen ist genau richtig, schön soft mit einer federnden Textur beim Essen. Ganz klar, das liegt am japanischen Klebreismehl, welches sonst für Mochi verwendet wird. Hier erfährst du, wie du aus einem Kuchenklassiker echt japanische Mochi Brownies machst - plus: Dieser Kuchen ist glutenfrei.

1. Schritt

Den Ofen bei Ober- und Unterhitze auf 180°C vorheizen. Die Butter in einem Topf bei kleiner Hitze schmelzen. In der Zwischenzeit die Eier, den Zucker und Vanillezucker in einer Schüssel miteinander mit einem Schneebesen verrühren. Danach die Milch und die geschmolzene Butter zur Eier-Zucker-Mischung hinzufügen und dann gründlich miteinander verrühren. Anschließend Klebreismehl, Backpulver und Kakao in eine weitere Schüssel sieben und mit einem Löffel grob vermischen.

2. Schritt

Nun die Eier-Zucker-Milch-Butter-Mischung zum Mehl hinzufügen und mit dem Schneebesen vermischen. Der Teig sollte nicht kräftig aufgeschlagen werden, da Brownies nicht fluffig sondern eher zäh sein sollen! Also nur sachte vermischen, sodass keine Klümpchen mehr im Teig vorhanden sind. Sobald der Teig fertig gerührt ist, die Hälfte der Chocolate Chunks hinzufügen und kurz unterheben.

3. Schritt

Jetzt eine rechteckige Auflaufform *(oder Backform, auch runde Formen funktionieren)* mit Backpapier auslegen. *Tipp: Die Seiten einschneiden, damit das Backpapier keine Falten schlägt.* Dann den Brownie Teig hineinfüllen, mit einem Löffel gleichmäßig verteilen und die restlichen Chocolate Chunks oben auf drapieren.

4. Schritt

Den Mochi Brownie Kuchen in den heißen Ofen schieben und auf der mittleren Ebene für 40 Minuten backen. Nach der Backzeit den Kuchen hervorholen, abkühlen lassen und aus der Form holen. Mit einem großen Messer in 12 Stücke schneiden. Am besten über Nacht in einer Plastikbox, die gut verschlossen wird, im Kühlschrank aufbewahren. Etwa 1 Stunde vor dem Servieren hervorholen, damit der Kuchen nicht zu kalt zum Essen ist. Oder einfach gleich servieren und wegnaschen.

Mitarashi Dango mit süßer Sojaglasur

Mitarashi Dango sind eine echte kulinarische Überraschung der japanischen Küche. Es werden zarte, selbstgemachte Klebreisbällchen auf einen Spieß gesteckt und mit einer süßen Glasur aus Sojasauce und Mirin überzogen. Diese traditionelle japanische Süßspeise wird jeden Gast - ob als Dessert oder für unterwegs - einfach nur begeistern!

Für 4 Portionen:

100 g Klebreismehl

100 g Reismehl

175 ml Wasser

4 Bambusspieße

Für die Mitarashi Sauce:

4 EL Zucker

2 EL Sojasauce

2 EL Mirin

150 ml Wasser

2 EL Kartoffelstärke

1. Schritt

Klebreismehl und Reismehl in einer Schüssel verrühren. Nach und nach das Wasser zur Mehlmischung geben und mit den Händen zu einem festen Teig verarbeiten. Den Teig mit einem Messer halbieren, jede Hälfte halbieren und dann wiederum dritteln - den Teig also in 12 gleich große Teile zerteilen. Jedes Teigstückchen zwischen den Handflächen zu schönen Kugeln formen. So entstehen 12 gleich große Kugeln.

2. Schritt

In einem großen Topf 2 Liter Wasser zum Kochen bringen, den Herd dann auf mittlere Hitze stellen. Alle 12 Kugeln in das kochende Wasser geben und für 5 Minuten kochen lassen, sodass jede Kugel an die Wasseroberfläche aufgestiegen ist. In der Zwischenzeit eine Schüssel mit eiskaltem Wasser bereitstellen. Dann die Kugeln mit einem Schaumlöffel oder einem Sieb aus dem Wasser heben und in das vorbereitete kalte Wasser geben. Kurz abschrecken und dann auf Küchenpapier abtropfen lassen.

3. Schritt

Für die Mitarashi Sauce alle Zutaten in einem kleineren Topf verrühren (Tipp: etwas Wasser übriglassen und darin die Stärke auflösen, bevor du sie in den Topf hinzufügst) und bei mittlerer Hitze unter Rühren aufkochen. Die Sauce wird nach und nach *(circa 3 Minuten)* eindicken und eine appetitliche Farbe bekommen. Die Hitze abschalten und die Sauce zum Servieren bereitstellen.

4. Schritt

Jeweils 3 Reiskugeln auf einen Spieß stecken. Eine beschichtete Pfanne, in die die Spieße hineinpassen, bei starker Hitze ohne Öl erwärmen. Dann die Spieße darin für 5 bis 10 Minuten von allen Seiten leicht bräunen lassen. Die Dango Spieße auf einem Teller servieren und mit der Mitarashi Sauce garnieren. Die Mitarashi Dango am besten direkt verzehren.

Wissen:

Der Name für Mitarashi Dango stammt vom Mitarashi Fest in Kyotos Shimogamo Schrein, inspiriert von Legenden zauberhafter Blasen im Fluss. Diese köstlichen Reisbällchen, welche die Blasen nachbilden, werden heute landesweit in vielen Teehäusern und Bäckereien serviert. Besonders beliebt sind sie zu besonderen Anlässen wie dem Kirschblütenfest oder dem Herbstmondfest, wo sie häufig mit Bento Boxen und anderen japanischen Süßigkeiten genossen werden.

Glossar

- Japanische Lebensmittel und Zutaten schnell erklärt -

Aburaage sind dünn geschnittene Tofuscheiben, die zweimal frittiert wurden. Durch das Frittieren entsteht eine Art Tasche oder Hülle, die oft dazu genutzt wird, sie mit anderen Zutaten zu füllen.

Anko ist eine süße rote Bohnenpaste, die häufig für Süßwaren und Desserts verwendet wird. Sie wird aus Azukibohnen hergestellt, die gekocht und dann mit Zucker zu einer Paste zerdrückt werden.

Aonori ist eine essbare Alge in Flockenform, die häufig als Gewürz verwendet wird. Es ist bekannt für sein intensives Aroma nach Meer und wird als Topping für Okonomiyaki, Takoyaki und Yakisoba verwendet.

Beni Shoga ist eingelegte Ingwer in dünnen Streifen. Er hat seine charakteristische rote Farbe und einen scharfen, sauren Geschmack. Beni Shoga wird oft als Beilage oder Garnierung verwendet.

Black Fungus Pilze werden für reichhaltige, aromatische Suppen, Stir-Fry-Gerichte und gedämpfte Gerichte verwendet, da sie gut den Geschmack der umgebenden Zutaten aufnehmen.

Daikon ist ein Rettich, der größer und milder ist als westliche Sorte, mit einer knackigen Textur und einem süßlichen Geschmack. Er ist eine gängige Zutat in Suppen, Eintöpfen und für Eingelegtes. Daikon wird auch häufig geraspelt als Beilage serviert.

Dashi ist eine grundlegende Brühe, die für ihr Umami bekannt ist. Sie wird traditionell aus Kombu, Katsuobushi oder getrockneten Shiitake Pilzen hergestellt. Sie bildet die Basis für viele japanische Gerichte, darunter Suppen, Eintöpfe und Saucen.

Enoki Pilze sind dünne, lange, weiße Pilze, die in Büscheln wachsen. Sie haben einen leichten, aber ausgeprägten Geschmack und eine knackige Textur, die sich hervorragend für Suppen, Salate und Rührgerichte eignet.

Inari Sushi no Moto sind Taschen aus frittiertem Tofu, die in einer süß-salzigen Brühe vorgegart werden, um ihnen einen intensiven und ausgewogenen Geschmack zu verleihen. Am liebsten werden sie mit Sushi Reis gefüllt.

Kamaboko ist eine Fischpaste, die aus gestampftem Fischfilet hergestellt und zu einer festen Konsistenz geformt wird. Es hat oft eine halbrunde Form und eine rosaweiße Farbe. Kamaboko wird häufig für Suppen, Nudeln und Sushi verwendet.

Katsuobushi ist getrockneter und fermentierter Thunfisch, das häufig hauchdünn geschnitten oder zu Flocken gerieben als Grundlage für Dashi verwendet wird. Auch beliebt als Topping für Okonomiyaki oder Takoyaki.

Kirimochi ist eine Art Reiskuchen, der aus gestampftem Klebreis hergestellt und als flache, rechteckige Blöcke getrocknet wird. Es ist eine Hauptzutat in vielen traditionellen japanischen Süßigkeiten und kann auch gegrillt und mit Sojasauce oder mit einer süßen Paste bestrichen als Snack gegessen werden.

Komatsuna, auch bekannt als japanischer Senfspinat, ist ein Blattgemüse, das einen milden, leicht bitteren Geschmack hat. Komatsuna kann roh in Salaten, gebraten, gedämpft oder in Suppen und Eintöpfen verwendet werden.

Kombu ist eine essbare Meeresalge, die als Hauptbestandteil von Dashi als Basis für viele japanische Gerichte dient. Kombu ist reich an Mineralien und Umami und kann auch für Sushi Reis, Salate, Suppen und Beilagen verwendet werden.

Konnyaku ist ein traditionelles Lebensmittel, das aus der Wurzel der Konjakpflanze hergestellt wird. Es hat eine gummiartige Textur und ist fast geschmacklos, nimmt aber gut die Aromen der Zutaten auf, mit denen es gekocht wird. Konnyaku ist kalorienarm und reich an Ballaststoffen.

La-Yu ist ein scharfes, würziges Chiliöl. Es wird hergestellt, indem Chilischoten in Sesamöl eingelegt und dann erhitzt werden. La-Yu ist als Beilage oder Topping für Ramen oder auch Gyoza beliebt.

Mirin ist ein süßer, goldener Reiswein. Es

wird sowohl als Gewürz aber auch zum Karamellisieren von Speisen verwendet. Mit einem niedrigen Alkoholgehalt und hohem Zuckergehalt verleiht Mirin vielen Gerichten ihre charakteristische Süße und Tiefe.

Miso Paste wird durch die Fermentation von Sojabohnen, Salz und Koji hergestellt. Sie hat eine dicke Konsistenz und kann in Farbe und Geschmack erheblich variieren, von mild und süß bis kräftig und salzig, je nach Fermentationsdauer und verwendeten Zutaten. Miso findet bei Suppen, Marinaden, Soßen und anderen Gerichten Verwendung.

Nori ist eine getrocknete essbare Alge. In dünne, rechteckige Blätter geschnitten ist es ein Hauptbestandteil bei der Herstellung von Sushi. Neben Sushi findet Nori auch in Suppen, Ramen und Snacks Verwendung.

Panko ist ein japanisches Paniermehl, das für seine knusprige Textur bekannt ist. Im Vergleich erzeugt Panko eine knusprigere Panade, die weniger Öl aufsaugt.

Ramen sind gelbliche Weizennudeln, die in Japan nicht nur als Nudelsuppe, sondern auch zusammen mit gebratenem Gemüse oder im Sommer eisgekühlt serviert werden.

Reis in Japan ist eine kurzkörnige Sorte, die für ihre klebrige Konsistenz und den süßen Geschmack bekannt ist. Er ist die Grundlage vieler Gerichte, darunter Sushi, Onigiri und Donburi.

Reisessig wird aus fermentiertem Reis hergestellt und zeichnet sich durch einen milden, süßlichen Geschmack und eine geringere Säure im Vergleich zu anderen Essigsorten aus.

Satoimo, auch bekannt als Taro, sind stärkehaltige Knollen. Sie zeichnen sich durch eine leicht klebrige Textur beim Kochen und einen süßlichen, nussigen Geschmack aus.

Sesam Samen spielen eine Schlüsselrolle in vielen japanischen Gerichten, von Salatdressings und Dips bis hin zu Sushi und Backwaren, wo sie für zusätzliche Textur und Geschmack sorgen. Sie können geröstet und gemahlen werden, um ein Gewürz namens Goma zu erzeugen.

Sake wird unter anderem verwendet, um Gerichten Geschmack zu verleihen und unerwünschte Gerüche zu neutralisieren. Es ist eine häufige Zutat in Marinaden und Saucen.

Shichimi Togarashi ist eine Gewürzmischung aus sieben Zutaten, darunter Chilipfeffer, Szechuan-Pfeffer, Sesamsamen und Nori. Es wird oft als Tischgewürz in Japan verwendet und gibt Gerichten einen würzigen und leicht pikanten Geschmack.

Shiitake Pilze sind eine Pilzart, die bekannt für ihren reichen, erdigen Geschmack und ihre fleischige Textur sind. Sie können frisch oder getrocknet in einer Vielzahl von Gerichten verwendet werden, einschließlich Brühe, Suppen und als Füllung für Gyoza.

Shimeji Pilze sind Pilze, die in Japan heimisch sind und dort häufig in der Küche verwendet werden. Sie haben eine feste Textur und einen milden, leicht nussigen Geschmack.

Sojasauce ist eine grundlegende Würzsauce in der japanischen Küche, hergestellt aus Sojabohnen, Weizen, Wasser und Salz. Sie hat einen tiefen, umami-reichen Geschmack, der sowohl salzig als auch leicht süß ist.

Sushinoko ist ein Pulver zur Herstellung von Sushi Reis, ohne die Zutaten separat mischen zu müssen. Es enthält die drei Hauptzutaten Essig, Zucker und Salz.

Tofu ist ein Sojaprodukt, das in der japanischen Küche weit verbreitet ist. Es wird hergestellt, indem Sojamilch gerinnt und dann in Blöcke gepresst wird. Tofu ist für seine weiche Textur und seinen milden Geschmack bekannt und kann in einer Vielzahl von Gerichten verwendet werden.

Tsuyu ist eine vielseitige japanische Sauce, die hauptsächlich aus Dashi, Sojasauce und Mirin besteht. Sie wird oft als Dip für Nudelgerichte wie Soba und Udon verwendet oder als Basis für Suppen.

Udon sind dicke, weiße Nudeln aus Weizenmehl. Sie sind bekannt für ihre weiche, doch kaubare Textur und ihren milden Geschmack. Udon Nudeln werden oft in Suppen serviert, können aber auch gebraten oder in kalten Gerichten verwendet werden.

Wakame ist eine Seetangart. Es hat eine dunkelgrüne Farbe und eine weiche, leicht glibberige Textur, wenn es eingeweicht oder gekocht wird. Wakame wird oft in Suppen wie Miso Suppe verwendet, kann aber auch in Salaten, Eintöpfen oder als Beilage serviert werden.

Yuzusaft wird aus dem Saft der Yuzu Frucht gewonnen und als Zutat in Saucen, Dressings und Desserts verwendet. Yuzu eine Mischung aus Zitrone, Limette und Grapefruit. Der Saft verleiht Gerichten einen frischen und aromatischen Geschmack.

Menüvorschläge

- Unsere Top Kombinationen für deine authentische japanische Küche -

Menüvorschlag 1 - Japan Goes Green: Veggie Menü

Reis: Gohan - japanischer Klebreis | Seite 14
Tsukemono: Knackiges Amasuzuke mit Daikon | Seite 22
Suppe: Kenchinjiru Gemüsesuppe | Seite 36
Kleine Beilage: Isobeyaki in süßer Sojasauce & Nori | Seite 52
Große Beilage: Nasu Dengaku - Aubergine in Miso | Seite 64
Hauptspeise: Herzhafte Okonomiyaki Pfannkuchen | Seite 76
Dessert: Saftige Mochi Brownies | Seite 114

Menüvorschlag 2 - Sushi trifft Schnitzel: Deftiges Japan Menü

Reis: Chicken Fried Rice mit Erbsen | Seite 18
Tsukemono: Würziges Misozuke mit Möhre | Seite 26
Suppe: Tonjiru Schweinefleischsuppe | Seite 32
Kleine Beilage: Kyabetsu no Sarada - Krautsalat | Seite 40
Große Beilage: Gefüllte Inari Zushi Tofutaschen | Seite 66
Hauptspeise: Tonkatsu Schnitzel mit Panko-Panade | Seite 84
Dessert: Sesam Mochi mit Frischkäse | Seite 110

Menüvorschlag 3 - Kochen im Eiltempo: Express Menü

Reis: Yakimeshi - einfacher Bratreis | Seite 16
Tsukemono: Salziges Shiozuke mit Gurke | Seite 24
Suppe: Leichte Miso Suppe mit 3 Zutaten | Seite 30
Kleine Beilage: Kalter Hiyayakko Tofu | Seite 42
Große Beilage: Tamago Sando - schnelles Eier Sandwich | Seite 70
Hauptspeise: Yakitori Hähnchenspieße aus der Pfanne | Seite 80
Dessert: Mitarashi Dango mit süßer Sojaglasur | Seite 116